Benoit Parfait Bidjo

Problèmes de possession, problèmes de délivrance, première partie

Benoit Parfait Bidjo

Problèmes de possession, problèmes de délivrance, première partie

Les Problèmes de Possession et de Confession

Éditions Croix du Salut

Imprint
Any brand names and product names mentioned in this book are subject to trademark, brand or patent protection and are trademarks or registered trademarks of their respective holders. The use of brand names, product names, common names, trade names, product descriptions etc. even without a particular marking in this work is in no way to be construed to mean that such names may be regarded as unrestricted in respect of trademark and brand protection legislation and could thus be used by anyone.

Cover image: www.ingimage.com

Publisher:
Éditions Croix du Salut
is a trademark of
International Book Market Service Ltd., member of OmniScriptum Publishing Group
17 Meldrum Street, Beau Bassin 71504, Mauritius

Printed at: see last page
ISBN: 978-613-7-36989-0

TABLE DE MATIERES

LES PROBLEMES DE POSSESSION

LES PROBLEMES DE DELIVRANCE

Première partie

INTRODUCTION

L'on ne saurait parler de délivrance s'il n'y aurait pas eu de possession dans la vie d'un individu. La possession n'est pas seulement un fait que subit les humains, elle peut aussi affecter les animaux, les objets, les milieux et certaines zones dans l'espace vital des êtres vivants.
La possession serait donc l'introduction ou l'entrée d'un intru dans la vie d'un être ou le développement d'une situation anormale d'un milieu pourtant sain et vivable qui subitement devient une zone dangereuse où les vies sont détruites. Toute chose qui se trouve dans la nature peut subir une influence. L'être humain est celui à qui l'Eternel Dieu créateur a donné une intelligence capable de répondre aux attentes des désirs de son créateur. Il peut aussi décider de se détourner de la volonté de Dieu et de mener une vie selon les désirs qui vont en l'encontre de son créateur. La chute de Eve et d'Adam selon la bible est un fait qui a profondément affecté l'humanité. Aujourd'hui, l'être humain selon la bible en souffre, non parce que nous mourrons dans la chair par la séparation définitive avec ceux qui nous sont chers, mais aussi parce que nous devons fournir des efforts volontaires pour avoir le pain quotidien, la domination et la protection. L'être humain est appelé à dominer et à diriger selon le plan de Dieu. Aujourd'hui, en ces temps de révélation, l'homme est plus tôt dirigé, dominé par la créature. Les hommes préfèrent se confier à Satan qui est aussi une créature comme ils le sont, sous des conditions où le péril de l'âme est quasi assuré, si l'intervention salvatrice de la main puissante de Dieu n'est présente. Personne n'est épargnée. Même ceux qui à priori semblent saint de corps, spirituellement subissent aussi la colère de Satan, même de façon indirecte. Ayant déjà perdu le privilège de la vie éternelle sans effort selon le commencement de la création décidée par Dieu, l'être humain doit également fournir un sur effort pour que l'âme qui est aussi une partie vivante de nos trois dimensions et où sont recueillis tous les actes des faits posés et récupérable par le créateur pour le jugement final ne subisse aussi le même sort que le menteur : la damnation Eternelle.

Etroite et serrée est la porte qui mène à la vie : **le salut**.
Large et grande celle qui mène à la perdition et beaucoup y entrent par elle : **la perdition**.

Quand Cain décide de tuer son frère Abel, par ce geste, il a décidé de choisir la perdition par le meurtre. Cet esprit de meurtre n'a jamais été ôté du monde. Ici Cain fait du mal à une tierce ; contrairement à Eve qui s'est elle-même fait du tort. De Eve à Cain, c'est le même esprit. Chez Eve, c'est la séduction, la corruption manifestée par la désobéissance. Chez Cain, c'est la jalousie et la corruption à commettre le meurtre. Ces deux caractères de l'esprit de désobéissance sont autant de faces que peut prendre l'ennemi dans les envoûtements des créatures faites à l'image de Dieu. Ce sont ces différents d'envoûtements dans ses formes que nous essayerons de développer : comment ça se passe, ses évolutions et aider comment sortir de ses envoûtements et possessions.

Historique et Compréhension

Lorsque j'arrive pour la première fois dans l'église qui fonctionne selon le modèle de Christ donné par Pierre le jour de la pentecôte, le serviteur qui m'a reçu me dit : "frère, il faut que tu sois délivré et c'est alors que tu auras la paix". Je ne comprenais pas ce langage. C'est au fil du temps que j'ai compris que tout ce qui m'arrivait n'était vraiment pas les faits du hasard, mais des faits réels et dont les causes feraient l'objet des recherches des différentes manières que ces choses pouvaient se passer ou être introduites dans ma vie ; la vie d'un être humain. Lorsque Satan est chassé du ciel, il descendit avec toute la rage. Et il fut proclamé :

Apocalypse 12 : 7-12

12.7 Et il y *eut guerre dans le ciel. Michel et ses anges combattirent contre le dragon. Et le dragon et ses anges combattirent,*
12.8 *mais ils ne furent pas les plus forts, et leur place ne fut plus trouvée dans le ciel.*
12.9 *Et il fut précipité, le grand dragon, le serpent ancien, appelé le diable et Satan, celui qui séduit toute la terre, il fut précipité sur la terre, et ses anges furent précipités avec lui.*
12.10 *Et j'entendis dans le ciel une voix forte qui disait : Maintenant le salut est arrivé, et la puissance, et le règne de notre Dieu, et l'autorité de son Christ; car il a été précipité, l'accusateur de nos frères, celui qui les accusait devant notre Dieu jour et nuit.*
12.11 *Ils l'ont vaincu à cause du sang de l'agneau et à cause de la parole de leur témoignage, et ils n'ont pas aimé leur vie jusqu'à craindre la mort.*
12.12 *C'est pourquoi réjouissez-vous, cieux, et vous qui habitez dans les cieux.* ***Malheur à la terre et à la mer ! car le diable est descendu vers vous, animé d'une grande colère, sachant qu'il a peu de temps***.

Après que le complot de détrôner Dieu en voulant placer son trône au-dessus de celui de Dieu, il a fallu que le plan soit découvert pour que la guerre contre Satan et ses alliés soit déclenchée ; ***Apocalypse 12 :7***. Ce qui veut dire que la délivrance n'est pas un exercice d'enfant de cœur, mais une guerre menée contre les initiés usurpateurs des droits de l'Eternel des Armées sur ses créatures. Pour ce faire, il faut que l'envoûtement ou la possession soit constaté et que les faits soient établis. De nos jours, ces jours que la bible appelle les temps derniers, détrôner Dieu ou vouloir placer son trône au-dessus de celui de Dieu consiste à phagocyter la conscience, la vie des âmes de Dieu ; surtout celles qui sont faites à son image.

Pour libérer et délivrer ces âmes prisonnières de la gueule de Satan, les serviteurs qualifiés doivent mener la même guerre que mena Michel et les anges contre Satan et ses adeptes. Dans ce combat, l'intensité et la rage de vaincre doivent être la même. Le serviteur doit savoir et avoir dans sa conscience que le groupe qui combattait pour la gloire de Dieu a vaincu. Cette victoire n'est pas due à la force des anges, mais elle est due à cause de Dieu qui est vainqueur depuis la fondation. Dans ces conditions, le serviteur opère le mystère de la délivrance dans la victoire de Dieu. Il n'a plus à créer une autre condition de victoire.

12.12 C'est pourquoi réjouissez-vous, cieux, et vous qui habitez dans les cieux. Malheur à la terre et à la mer ! car le diable est descendu vers vous, animé d'une grande colère, sachant qu'il a peu de temps.

Satan étant donc vaincu puis précipité, le seul moyen de se venger de sa défaite et du ravalement subi, est de s'attaquer à la créature qui coûte aux yeux de l'Eternel Dieu.

Pour développer cette partie, essayons de penser et de raisonner comme des personnes qui n'ont jamais connu l'exitance de Dieu dans toute sa grandeur. Le monde qui ne connait pas Dieu dans sa grandeur a l'habitude de dire que Satan est puissant.

En effet, depuis la chute, l'être humain s'est beaucoup rapproché de Satan par la perte de la grâce du salut. Dans la vie, lorsque des gens vivent en couple, le séducteur se comporte comme une souris. Lorsqu'il réussit son acte, il devient difficile au séduit de retourner à sa position de gloire à cause de la honte, la peur et l'ignorance. C'est pour cela que les problèmes de délivrance sont compliqués à résoudre.

Dans le monde spirituel occulte, il existe trois milieux où les esprits malins ont fait leur résidence : l'espace aérienne, la terre ferme et les eaux. Parmi les trois milieux, les eaux sont les lieux les plus peuplés par les esprits diaboliques et les lieux où l'on trouve les plus grands esprits. La terre étant entre l'espace et l'eau, il est donc concevable que ceux qui habitent la terre subissent les pressions venant des habitants (entités) du haut et les pressions des habitants (entités) venant des profondeurs des eaux. Ce que l'être humain doit savoir est que dans tous ces milieux, l'Eternel Dieu a placé un ange gardien qui veille et est témoin de tout ce qui se passe dans chacun de ces lieux. Cet ange gardien rend fidèlement compte à l'Eternel Dieu à chaque moment et temps de la vie.

Personne n'est à l'abris de la vigilance de ces anges. Si ces anges sont là pour le

service de l'Eternel Dieu, pour signifier que c'est Dieu lui-même qui est là au contrôle de tout. Tous ceux qui y vont dans ces lieux par la voie irrationnelle sont vus, s'il n'y a pas repentance avant la rencontre avec l'Eternel Dieu, le sort de cette personne est la perdition de son âme à la fin de sa vie selon Apocalypse. Comment en sommes-nous arrivés par-là ?
Dieu après avoir tout créé a tout soumis à son autorité et l'a légué à l'homme. Une fois que Satan fut précipité, il a vite fait de manifester sa colère sur la terre et sur la mer en mentant l'homme que c'est lui le maître des lieux et de la création. La bible nous révèle dans le livre de révélation que Satan est descendu vers le monde animé d'une grande colère sachant qu'il a peu de temps.

12.12 *C'est pourquoi réjouissez-vous, cieux, et vous qui habitez dans les cieux. Malheur à la terre et à la mer ! car le diable est descendu vers vous, animé d'une grande colère, sachant qu'il a peu de temps.*

En principe, celui qui se confie à Dieu par Jésus est protégé. Cependant, il y a des choses de sa vie sur lesquelles il doit étendre cette protection. C'est sur ces choses que Satan peut passer pour atteindre certains points de la dimension de l'être humain. Satan sait que l'être va tout faire pour se protéger de ses assauts ; c'est pour cela que nos jours, les âmes faites à l'image de Dieu ne sont plus attaquées directement, mais il choisit les éléments de la nature pour envoûter et posséder le monde. Les témoignages que vous allez lire à la suite de ce livre sont des faits incroyables mais réels que fait vivre Satan aux hommes au moyen de ses agents.

L'eau

Voici un fait réel qui s'est produit dans mon pays, où Satan a utilisé le bien de la nature pour envoûter, posséder, dépouiller tout une communauté. Dans cette confession, puisque c'en est une, ceux qui l'ont pratiqué l'ont révélée au moment de la repentance.
L'élément de la nature utilisée est l'eau. Le jeune homme déclare (agent confirmé de Satan), sachant que l'eau est utile à tous et que personne ne peut s'en passer, ils savaient qu'à coup sûr, ils vont faire des victimes. Après une étude bien approfondie, Satan les a amenés à se concentrer sur les points d'eau du village (source de prise de bain et ravitaillement pour faire des repas, laver les habits et puits de puisage d'eau à boire). Le jeune homme et ses collègues occultes allaient à l'état physique de leur être. Ils choisissaient des heures où ils savent que

personne ne pouvait être à la source ou au puits. Une fois arrivé, ils se mettent à déféquer et à faire pis-pis dans l'eau. Lorsqu'ils font ainsi, ces actes sont toujours suivis par des paroles d'incantation. Ces paroles peuvent aller dans les sens suivants : si une femme enceinte boit de cette eau, pendant l'accouchement, elle peut décéder d'un accouchement difficile, qui pourtant ne devait pas l'être. Soit c'est l'enfant qui décède. Pour ceux qui prennent des bains avec une telle eau, toutes les opportunités sont détournées. La victime vit une vie de malchance jonchée par des échecs inexpliqués. Le jeune homme chef du groupe confirme que pour toutes les paroles prononcées, dans leur observatoire occulte, ils voyaient comment ces gens peinent dans leur vie quotidienne, dans leurs entreprises quotidiennes, et d'autres souffrent des maux où ils dépensent de grosses sommes d'argent pour se soigner. Lorsque ces actes sont posés, et puisque c'est une communauté occulte qui le fait, il est interdit de révéler ces pratiques au su de tous. Les anciens de ces sociétés occultes de destruction des communautés, étant avancés en âge, ils sont comme des généraux qui donnent des ordres ; et les jeunes, considérés comme des soldats, ne sont là que pour exécuter les ordres. En fait c'est comme un corps d'armée où tout est bien organisé et hiérarchisé. La préservation du secret est une règle d'or.

Lorsque ces destructions se font, les actes posés sont comme une semence que l'on met en sol, qu'il veille ou pas, il sait qu'elle va germer et grandir ; c'est-à-dire que le mal prend naissance dans la vie de la victime. Il grandit jusqu'atteindre la maturité. Tant que la victime ne vit les effets néfastes de ses robots, on peut le mettre en garde, il ne pourra jamais accepter qu'il soit victime des faits pareils. Dans un autre village, il y avait un puits unique pour tout le village. Un beau jour du Seigneur, comme l'adage le dit : "quatre-vingt-dix-neuf pour le voleur, un jour pour le propriétaire". Comme par enchantement, une maman bien âgée, pendant une heure bien calme de de la journée descendit au puits sans récipient. Arrivée au puits, elle enleva son sous-vêtement, descendit dans le puits nu et se mit à faire sa toilette intime dans les eaux du puits. Bien à l'aise dans son acte, elle n'a pas cru un seul instant qu'il peut y arriver une autre personne qui vienne puiser de l'eau. Comme par surprise, la personne qui venait puiser l'eau ne faisait pas de bruit. Jetant un coup d'œil de loin, elle vit cette cène. Se croyant dans les songes, elle écarquilla bien les yeux pour mieux voir, elle s'en aperçut réellement que la cène qu'elle vivait était réelle. Malgré le temps qu'elle fût observée, elle ne s'est même pas rendue qu'on l'observait. Elle continuait sa besogne tout en murmurant des porales d'imprécation. Scandalisée, la personne qui observait la cène retourna au village le seau vide et alla relater les faits à son papa.

Imaginons un peu, un village où il y a plusieurs jeunes filles et garçons en âge d'espoir pour une communauté. Que peut donc avoir semé une personne pareille dans l'eau de boisson d'une communauté ? l'on constatera que dans un village pareil, les jeunes hommes ne se marient pas et les jeunes filles ne vont pas en mariage. Les jeunes hommes et les jeunes filles ne travaillent même pas. Leur seul travail consiste à boire des vins alcoolisés et prendre de la drogue. Tout le temps des jeunes se passe dans des jeux de futilité (discutions à caractères d'en gueulades, discutions sur des faits non édifiants et des choses semblables). Les points d'eau et des puits ont tellement des faits étonnants sur des envoûtements et des possessions qu'à un certain moment dans les villages l'on a voulu contourner ces problèmes. L'on fit alors appel à un service de creusage et d'installation des forages.
Pendant les sondes, le sol présentait énormément d'eau ; et tous les habitants du village se réjouissaient déjà de cette initiative. Lorsque le temps de creuser le puits pour en faire un forage est arrivé, partout où l'on a marqué le sol favorable, l'on était surpris que les lieux ne présentaient que du rocher. Or, dans les autres villages voisins, tout allait très bien. Ceux qui étaient la cause des pratiques occultes se réjouissaient : une fois de plus, ils ont réussi à maintenir les populations sous leur emprise occulte. Les gens continueront à descendre vers le ruisseau pour les bains, la lessive et pour autres utilisations de l'eau. L'on devait également continuer à boire l'eau du puits. Ainsi, la machine de destruction occulte sera toujours en marche.
Plusieurs ont vu leur vie détruite ainsi. Dieu n'a pas créé l'être humain pour tourner en rond. Après s'être pris un bain dans un ruisseau où les agents de Satan ont physiquement déféqué en faisant des imprécations, comment une jeune femme peut-elle trouver un mari ou connaître un homme qui peut la prendre comme épouse ? ou un jeune homme trouver une femme pour épouse ? Des personnes victimes de ces faits, à les regarder, présentent des rejets sous toute la ligne de leur vie. Elles sont envoûtées et possédées de manière inconsciente. Ces personnes dans leur inconscience sont des victimes potentielles à la boucherie occulte. Les bains, les eaux prises comme boisson ont fragilisé le système immunitaire de tout ce monde. Dans les villages où les populations sont détruites de cette manière, ce sont des villages où les décès sont fréquents. En une année, l'on peut compter jusqu'à dix décès par an.
Dans des cas pareils, la question que je me posais souvent était de savoir si notre Dieu était-il aussi faible qu'il ne pouvait délivrer les gens des situations pareilles ? Non. Dans des villages pareils, les détenteurs et manipulateurs des vies des âmes

font tout ce qui est à leur pouvoir pour maintenir les populations dans l'état d'inconscience et d'insouciance. La prise de conscience ne peut se faire que si l'Eternel Dieu pose sa main puissante sur un individu particulier qui peut se lever contre les pratiques pareilles sans avoir peur des regards des uns et des autres, ni des qu'en dira-t-on. La naissance d'un Jérémie.

Dans le village où j'ai grandi, les habitants de ce village et moi-même y compris avons vécu des situations similaires. Nous avions un seul ruisseau qui traversait tout le village. En amont, les villages situés plus haut déversaient tout sorte de saleté dans l'eau ; à notre niveau, nous en faisons autant. Mais, j'avais remarqué une chose, c'est que certains progressaient très vites grâce à l'aide de leurs parents, tandis que certains croupissaient dans le manquement et que les parents ne se souciaient même pas de leur avenir. J'étais parmi ceux dont les parents ne se souciaient pas de leur avenir. Alors, nous avons formé un groupe. Notre travail consistait à défricher les champs des femmes du village et des environs. Une fois que le travail était effectué, l'on ne nous payait pas en argent, mais on nous donnait toujours à manger et à boire. Nous étions très fiers de ce mode de vie. Dans nos occupations personnelles, nous abattions les palmiers et cueillions du vin de palm que nous allions vendre au carrefour. Pendant que les uns étaient occupés à la vente, les autres se mettaient à jouer au jeu du *songo'o* (jeu de sept cases par ranger et donc les cases sont pourvues de sept pions en forme de cailloux). C'est ainsi que nous passions toutes les journées. Un jour sans savoir comment l'idée m'est venue dans la conscience, je me suis mis à nettoyer les branches de palmier pour vendre. Ensuite, je suis allé dans les marécages élaguer les raphias. Finalement, j'obtins un chargement de camion de tous ces produits. Je fis appel à mon papa de venir transporter ma marchandise pour Yaoundé. Ce qu'il accepta bien volontiers. Une fois que ma marchandise fut vendue, je suis revenu au village et j'ai commencé à sensibiliser tous les jeunes (filles comme garçons) de mon âge, de quitter le village s'ils veulent progresser et s'ils veulent voir leur vie changer. Après cette campagne de sensibilisation, l'exode rural a commencé. De nos jours certains ont pu faire l'auto-école et ont obtenu leurs permis de conduire. Certains ont été recrutés dans les forces de maintien de l'ordre de la police. A cette époque, je fus recruté dans un Institut des nations unies. En somme, Plusieurs ont pu prendre conscience des choses bizarres qui se passaient au village. Certains sont même partis définitivement du village et ont pu mener une vie de progrès ailleurs. Comme rien n'est éternel, l'un des derniers de cette caste de destruction est décédé en novembre deux mil dix-huit.

Dans certaines familles l'élévation occulte est une religion sacrée dont on ne peut s'en passer. Comme dans ***Luc 11.15*** : *Car il sera grand devant le Seigneur. Il ne boira ni vin, ni liqueur enivrante, et* ***il sera rempli de l'Esprit Saint dès le sein de sa mère.*** Dans ces familles, les enfants sont remplis des esprits sataniques dès le sein de leur mère et naissent déjà prêts à opéré pour la cause de Satan au milieu des âmes innocentes et celles qui sont vouée à la cause de Dieu. Pendant que je cherchais à me remarier une seconde fois, j'ai fait la rencontre d'une femme qui à parement se comportait en femme ecclésiastique. Par son langage, il était difficile de deviner que c'est un agent de Satan dans l'église. L'ayant courtisé, elle accepta. Nous nous sommes mis à nous rencontrer fréquemment. Finalement elle tomba enceinte. Avant qu'elle n'accouche, j'ai entrepris de mettre de l'ordre dans notre vie de couple. Je me suis rendu dans son village natal, où j'ai rencontré tous les membres de sa famille et tout fut arrangé pour la dote et l'acte de mariage. Etant dans son village, un fait a attiré ma curiosité : toutes ses sœurs étaient veuves et chacune avaient au moins deux enfants. Je me suis mis à lui poser des questions sur cet état de chose. Elle n'a pas voulu me dire la vérité. Un autre fait, la région est réputée en vente des âmes pour des travaux occultes qui à la longue rendent riches et florissants les affaires de ceux qui font cette pratique. Par ailleurs, son frère aîné est fondateur d'un très grand groupe scolaire qui va de la maternelle en terminale. Lui posant également des questions sur l'évolution des activités de son grand frère, elle m'a répondu que celui-ci prospérait par la grâce de Dieu. Les enfants de son grand frère vivaient le même type de prospérité dans leurs activités commerciales. De retour à Yaoundé, elle s'est mise à manifester le comportement relatif aux personnes qui sont guidées par des esprits de déviance. Elle commença par envoûter et posséder l'enfant qui était le nôtre. Ensuite, le mari de sa grande sœur vint lui dire de faire ce pourquoi on l'a envoyé faire parmi de mes enfants (ceux qui sont issues de la première femme qui est partie). Elle avait l'habitude de me tailler les ongles. Un jour, en taillant mes ongles, elle a expressément entaillé la peau de mon doigt pour prendre un peu de mon sang. Me réveillant en sursaut, je lui ai dit que c'est la dernière fois qu'elle me taille les ongles. Dès ce jour, sans oublier ce qu'elle faisait déjà pour me livrer à son grand frère comme l'a fait ses autres sœurs, je me suis mis à me voir chaque fois dans son village dans les songes me forçant à travailler pendant que je refusais d'obéir. Finalement, quand j'en ai eu assez de supporter, je lui ai tout dit sur sa famille.

En effet, son papa était un grand guérisseur de renom dans leur village, membre de la chefferie, il traitait avec les esprits de la tradition (les dieux ou esprits de mort, les anges déchus) avec aisance. Chaque enfant fille qui naissait, il le façonnait selon que le veut la tradition en lui gratifiant d'un esprit de mort qui avait pour but de livrer son époux pour faire prospérer les entreprises de son fils aîné après que celui-ci ait eu deux enfants avec son époux. Avec moi, elle n'a pas pu parce qu'elle n'a pas attendu que nous ayons deux enfants avant de commencer l'œuvre pour laquelle elle a eu mission auprès de moi. Puis, je lui ai dit que c'est le Saint Esprit qui a mis la confusion dans sa pensée en précipitant ses actes. Dans le cas des récits de témoignages que je viens de relater, les maris de ces femmes qui sont envoûtées, avant de décéder ont d'abord subi des manipulations pressentes de la part de leurs épouses. Si ce n'était le Saint Esprit, elle me livrait. Ma prise de conscience fut possible grâce au Saint Esprit et à d'intenses prières que je faisais.

Satan est intelligent, il sait que l'eau, c'est la vie et personne ne peut s'en passer. En installant son piège dans l'eau, il était sûr qu'il tenait tout le village entre ses griffes. De nos jours, avec l'installation des points de forage un peu partout dans les campagnes, le phénomène d'envoûtement par les points d'eau a considérablement baissé ; quoi que par fois, même ces forages subissent aussi la fougue des agents de Satan. Dans le village que j'ai grandi, avec la construction du lycée, et la modernisation des conditions de vie des populations amorcées, beaucoup de ces pratiques ont disparu ; comme pour dire : le modernisme contribue également à la limitation des pratiques occultes.

Je viens de parler comment Satan utilise les éléments de la nature pour envoûter, posséder et détruire les âmes humaines. Je continue vers une autre forme d'opération que Satan utilise pour détruire les vies humaines afin de faire comprendre qu'il est vraiment animé d'une rage excessive ; et qu'il ne faut pas s'amuser avec lui, ni le prendre à la légère.

La nourriture

Lorsque la bible déclare que l'ennemi rode cherchant qui mordre, plusieurs pensent que ce sont des fables que Jésus raconte, alors que ce sont des réalités vivaces. Voici ce que dévoile le frère. Dans leurs missions de renseignement et d'inspection. Dès qu'ils constatent qu'une personne est sans la protection de Jésus et qu'il mène une vie aisée, une vie sans problème où les concernés mangent le matin, à midi, et le soir, et surtout si ce sont des repas copieux aux poulets et autres semblables. Pour atteindre et détruire de pareilles personne, ils viennent dans la nuit en esprit transformer en chats (l'esprit démoniaque totem qui anime ces occultistes) et s'en prennent aux poubelles. Ils se mettent à sucer les os qui ont été jetés dans la poubelle. Emportant la saveur pour faire des imprécations. La personne concernée ne pourra plus jamais manger une nourriture pareille. En procédant ainsi, ils s'attaquent directement au porte-monnaie de la personne. Certains vont réfléchir en disant : si c'est un fonctionnaire, est-ce que son salaire va être suspendu ? Non. Mais ils feront à ce que la personne fasse face désormais à une série de problèmes qui vont vider son porte-monnaie. Parfois ce sont les enfants qui tombent malade lorsque la période des salaires est proche. Parfois ce sont des nouvelles pas bonnes qui proviennent de la famille et dont la personne ne peut s'en passer sans apporter son secours ou sa contribution. Ce phénomène d'envoûtement permet à Satan de posséder l'ADN de tous ceux qui ont mangé la nourriture dont les os ont été jetés dans la poubelle. En fait, Satan et ses agents installent la pauvreté dans la famille de la victime. Remarquez que ces agents de Satan se transforment en chat, ce qui veut dire que si la victime a des animaux domestiques tels que les chats, ce sont ces chats qui vont tous révéler aux autres chats esprits qui sont venus causer des forfaits. Cela semble étonnant, pourtant vrai. En guise de rappel, souvenez-vous de l'âne qui a parlé en demandant à Balam : *pourquoi tu me frappes* ? il n'est donc pas étonnant que les chats dialoguent entre eux. Ils rendaient compte de tout ce qui se passait dans les maisons visées. Ce n'est pas que les animaux domestiques sont mauvais, mais les croyants qui ont des animaux domestiques chez soi doivent également les couvrir en les protégeant par le sang de Jésus afin d'éviter ces contacts occultes. ***Genèse 6 :5*** *la méchanceté des hommes étaient grande sur la terre...* Parfois, dans la maison, les habitants se mettent à perdre leurs habits sans raison. Ce sont toujours les animaux domestiques en relation avec les agents de Satan qui font ce travail. Il peut même arriver que monsieur et madame font des projets, si l'animal domestique corrompu est là, l'on va remarquer qu'il fixe ses maîtres qui conversent, tourne la tête d'un côté à l'autre ; tous ces mouvements sont exécutés pour mieux comprendre ce que ses maîtres parlent. Ceci est pour faire comprendre aux uns et aux autres que Satan ne dort pas. Il développe toujours des stratégies plus avancées pour détruire l'être humain.

Rom 3 :11-18

3.11 *Nul n'est intelligent, Nul ne cherche Dieu ; Tous sont égarés, tous sont pervertis ;*
3.12 *Il n'en est aucun qui fasse le bien, Pas même un seul ;*
3.13 *Leur gosier est un sépulcre ouvert ; Ils se servent de leurs langues pour tromper ; Ils ont sous leurs lèvres un venin d'aspic;*
3.14 *Leur bouche est pleine de malédiction et d'amertume ;*

***3.15** Ils ont les pieds légers pour répandre le sang ;*
***3.16** La destruction et le malheur sont sur leur route ;*
***3.17** Ils ne connaissent pas le chemin de la paix ;*
***3.18** La crainte de Dieu n'est pas devant leurs yeux.*

Si ce cas arrive à un homme ou à une femme d'affaire, celui-ci ou celle-ci se voit directement sa bouche maudite aux oreilles de ses interlocuteurs. Il ou elle n'aura plus moyen d'avoir les marchés relatifs à sa fonction entrepreneuriale. La seule chose qui peut l'amener à sortir de cet engrenage n'est que la délivrance par la puissance et l'autorité de Jésus.

Les arbres

Les ruses de Satan vont toujours étonner. L'utilisation des arbres ne se fait pas au hasard. Il faut que l'arbre soit d'abord consacré pour que cet arbre soit utilisé par le monde occulte. Une fois l'arbre est consacré, les agents de Satan vont dans les lieux occultes prendre tout le nécessaire possible pour faire de cet arbre un lieu de réunion ; pourvu de tout ce qui peut leur fournir les informations sur la vie des familles : des hommes, des femmes et des enfants qui vont être visés par les attaques occultes.
Le jeune homme déclare que les arbres sont utilisés pour contrôler les vies des individus et des familles. Quand ils voulaient connaître la vie d'une personne, il suffisait d'appeler le nom de la personne, son nom s'affichait avec tout ce qui se passe dans la vie de la personne. Il précise également que les noms des personnes qui s'affichaient étaient ceux qui n'avaient pas reçues Jésus dans leur vie, ou des personnes dont leur présence dans la foi en Jésus était chancelante. Des personnes pas bien affermies. Des personnes qui ne mettent pas du sérieux dans leur relation avec Jésus. Une fois que le nom est appelé, si la personne est réceptive (non croyante en Christ), toute sa vie s'affiche comme sur écran de téléviseur. C'est ce qu'on appelle des moniteurs occultes. Pendant les prières, dans les temples ou des prières personnelles, il est bon de toujours détruire ces moniteurs occultes dans sa vie ; afin de protéger ses mouvements. Mais, pour celui qui est véritablement encré en Jésus, ces choses n'ont aucune influence dans sa vie. Qu'à cela ne tienne, il faut toujours les détruire pour éviter les surprises. Parfois les hommes et les femmes ont l'habitude de se poser des questions comme : comment est-ce que les occultistes connaissent mes projets ? une chose est simple, chaque personne qui n'a pas encore cru en Jésus a un esprit de contrôle qui est collé dans sa vie ; et

c'est cet esprit qui entre en contact avec le monde occulte lorsque les cérémonies pareilles sont pratiquées. Cet esprit fourni tout genre de réponse aux questions posées par l'assemblée occulte qui siège. Quand il faut déjà atteindre la personne qui est visée, c'est par l'entre mède de cet esprit que tout se passe. Cet esprit est appelé l'homme fort : le contrôleur de la vie d'un individu. Cet esprit fourni des informations telles que : l'état de santé clinique ; l'état de santé financière ; les projets de mariage ; les projets de construction d'une maison ; les projets de voyage… si cet esprit n'est pas brisé puis détruit et chassé de la vie de la victime, la personne peut voir sa vie totalement détruite. C'est un esprit d'espionnage, et le seul qui peut le faire est Jésus de Nazareth en présence d'un bon serviteur. Lorsqu'une personne est déjà donc attaquée, toute sa vie lui est enlevé (son étoile). L'étoile de quelqu'un est la vie de cette personne. L'étoile de quelqu'un dans le domaine spirituel se résume en ceci :

Genèse 1.28

> ***Dieu les bénit, et Dieu leur dit: Soyez féconds, multipliez, remplissez la terre, et l'assujettissez; et dominez sur les poissons de la mer, sur les oiseaux du ciel, et sur tout animal qui se meut sur la terre.***

Dès que cette bénédiction est faite prisonnière par quelqu'un, c'est son étoile qui est faite prisonnière ; par conséquent toute sa vie. Le jeune homme déclare qu'ils emprisonnaient l'étoile des gens dans le sein de l'arbre. Un sac sortait du sein de l'arbre et ils jetaient l'étoile de la victime à l'intérieur, et le sac re-disparaissait dans le sein de l'arbre. Dès lors, la victime commence à vivre une rétrogradation de tous les domaines de sa vie. Pendant que la victime connait une vie rétrograde, son étoile par contre est utilisée par d'autres qui de temps à autre vont l'emprunter pour l'utiliser à leur propre fin. C'est pourquoi il y a des gens qui ayant des diplômes, mais ne présentent pas les capacités intellectuelles des diplômes en leur possession. La fécondité spirituelle de telles personnes n'est pas une fécondité sainte. S'il advient qu'une telle personne travaille et qu'il brigue un poste élevé dans la société, la gestion de son pouvoir sera entachée des irrégularités incompréhensibles. De telles personnes travaillant dans des entreprises du secteur privé, sont toujours sous la menace de licenciement à cause des contres performances professionnelles.

D'autres par contre sont financièrement riches, mais ils ne parviennent pas à bien utiliser l'argent qu'ils ont ; tout simplement parce que cet argent ne leur appartient pas. Alors, on leur impose des conditions comme : chaque jour, vous allez recevoir tel montant et l'utiliser avant une date imposée par le monde occulte. Le sujet est obligé de respecter scrupuleusement ces conditions, autrement ce sont des sanctions de mort et de décès qui en suivent. Chaque besoin fait toujours l'objet d'une consultation. Si le requérant a besoin d'un diplôme, l'assemblée occulte observe l'étoile dont l'obtention du diplôme brille le plus, et c'est cette étoile qu'on prend et on l'attribut au requérant. Une fois qu'il réussit à l'examen relatif au diplôme sollicité, il revient rendre l'étoile en question, puis on la remet dans le sein de l'arbre. Pendant ce temps, la personne victime n'a rien, elle demeure vide aussi longtemps que cette situation perdure. D'autres ont vu toute leur vie finir sans diplôme, pourtant très intelligents dans les classes intermédiaires.

Les toiles d'araignées

Les toiles d'araignées sont des masques de malchance. Une personne ne peut pas être sous l'emprise de la malédiction, mais l'on peut lui imposer un masque de malchance instantané. C'est une pratique qui consiste à faire échouer un individu dans ses entreprises de production et dans les entreprises amoureuses. Un couple peut vivre des moments toujours heureux. S'il arrive qu'un jaloux malsaint vienne à remarquer la cohésion qu'il y a dans ce couple, pour y mettre le rejet entre les conjoints, il utilise la toile d'araignée.

La pratique de ce sortilège maléfique se fait de manière suivante : il faut que la victime soit une personne qui n'a pas de protection spirituelle. On colle derrière lui une entité spirituelle occulte de programmation de sa vie. C'est cette entité qui va suivre les faits et gestes de la personne, ses habitudes, les lieux qu'il aime fréquenter et les chemins qu'il aime emprunter lors de ses déplacements. Les chemins empruntés par un individu sont les lieux où les toiles d'araignées vont être les plus efficaces pour faire des victimes. Lorsque ces lieux sont connus, et lorsque l'entité de renseignements est sûre du déplacement de sa victime, il fournit tout ce qu'il faut aux mandataires de la mission. Une fois que la personne ciblée se lance sur son chemin de conquête, les occultistes le précède dans sa marche et tissent une toile piège. Lorsque la personne vient passer dans les lieux, la toile d'araignée le prend directement à la face. Lorsqu'il repart de là, tout rendez-vous qu'on a pu lui donner à la veille et dont les promesses pouvaient être soldées par du succès, ne seront que du rejet pour la personne. Une jeune femme ou un jeune homme peut aussi voir les promesses de mariage s'envoler, alors que ceux-ci étaient sur le point d'aboutir. Dans les foyers, plusieurs mariages peuvent également connaître des fins tragiques, alors que les deux époux filtraient un amour que personne ne pouvait penser qu'il peut y avoir une fin tragique. Dans les études, les enfants qui sont victimes du sortilège des toiles d'araignées sont des enfants voués constamment aux échecs scolaires ; bref ce sont des cancres.

Pendant les moments libres, lorsque le Seigneur le permet, de temps à autre, il peut m'envoyer des personnes qui sollicitent ses faveurs. Un jour, une femme qui avait l'habitude de venir faire des photocopies dans mon bureau vint s'assoir et soupira.

Qu'y a-t-il ma sœur ?

Je suis dans des problèmes qui sont au-dessus de mon entendement.

Explique-toi.

Elle commença par : je suis dans un service où je suis la seule à ne pas bénéficier des missions.

Comment cala peut-il se passer ma sœur ? lui ai-je encore poser la question. C'est comme si l'on a pris tous les Wc du monde et on les a déversés sur moi. La seule chose dont je peux avoir un bénéfice, c'est de venir faire les photocopies comme tu le vois et de pouvoir négocier avec toi sur les prix officiels.

Alors, je lui ai promis de l'aider. J'ai commencé par lui donner de l'argent puisqu'elle en avait réellement besoin. A force de l'approcher, j'ai fini par lui poser la question de savoir si elle est souvent victime des songes ; non répondit-elle.

As-tu souvent des ressentiments comme si quelqu'un pénétrait ton être ? Non. répondit-elle.

Finalement je suis arrivé au point où je lui ai posé la question de savoir si en marchant en route, elle constate que les toiles d'araignée se posent sur elle ou s'enroulent sur elle ? oui ; répondit-elle.

Alors, c'est de là que provient ton malheur.

Tu es couverte par le rejet, et il faut que ce rejet parte de ta vie. Pendant que je lui expliquais comment nous allons procéder et quel sera son apport pendant la délivrance, les jours qui suivaient, elle fut agressée par le papa de son deuxième enfant. Elle a voulu lui porter plainte auprès de la hiérarchie du père son enfant, je lui ai demandé de laisser tomber car ce n'est qu'une distraction qui est faite pour lui faire oublier l'essentiel. J'avais l'huile d'onction à la maison, des parfums et un peu du sang de Jésus. Je me suis rendu chez elle, puis nous avons pratiqué le cérémoniel de libération. Une semaine après, pour la première fois, elle obtint la toute première mission sur le terrain et accompagnée par son patron direct.

Les procédures de conservation de la délivrance sont celles qui sont les plus difficiles à observer à cause de l'immaturité d'esprit des croyants. Pendant que je lui expliquais comme nous allons procéder, la sœur était d'accord sur tout ce que je lui disais. Une fois que la première bénédiction fut accomplie dans sa vie, elle oublia totalement de remplir ce qu'elle avait accepté devant le Seigneur pourvoyeur de bénédictions. Pendant que lui parlais, je lui ai demandé d'apporter le minima du fruit de sa bénédiction. Lorsqu'elle est revenue de sa mission, elle a mis plus d'un mois avant de se représenter devant moi. Malgré cela, je lui ai demandé de déposer d'abord son offrande avant qu'elle ne soumette un autre problème. En fait je lui ai demandé d'acheter le produit de la vigne de quantité d'un litre pour la suite des cérémonielles de sa délivrance. Elle a refusé. Je lui ai donc dis que je suis médecin, je prescris uniquement les ordonnances et c'est le malade qui achète les médicaments. Finalement, c'est la cupidité qui a gagné le dessus de sa conscience. En ce moment, elle est retombée dans les mêmes problèmes. Lorsque Jésus parle de : "*si deux d'entre vous s'accordent je suis au milieu de vous*", les gens pensent que ce sont de vaines paroles. Les bénédictions en Christ ne sont pas conditionnées, mais elles sont régies sur le fait des paroles prononcées et qui ne sont pas à négliger.

Les maux chroniques du corps

Plus d'une personne animale qui ne comprenne pas encore les choses spirituelles m'ont souvent posé la question suivante : Pasteur, pour quoi les gens font du mal à leurs semblables ? je leur réponds souvent en leur disant : ils font l'œuvre de leur père et nous aussi nous faisons l'œuvre de notre Père. Mais quand ils viennent à la délivrance, je leur dis que le mal est causé par la semence du diable qui possède les consciences des hommes ; et que si l'un d'entre vous est ici maintenant dans la présence du Seigneur Jésus pour chercher la solution à ses problèmes, il n'est plus question d'accuser quelqu'un. Tout ce qui vous est arrivé a été fait pour que les œuvres de Dieu soient manifestées dans la vie de chacun de vous.

Revenant sur les contusions de corps, les personnes qui se plaignent toujours des contisions de corps sont ceux donc les corps sont transportés dans le monde occulte pour des usages non conformes. En fait, ce n'est pas le corps qui est transporté, mais c'est l'âme. L'âme est une entité vivante, qui est pourvue d'un corps. Lorsque les homes font des songes, c'est l'âme qui les reçoit sous la supervision de l'esprit humain. Lorsque la personne se réveille, elle est capable de relater tout ce qu'elle a vécu durant son sommeil. Si l'âme est torturée pendant le sommeil, la personne se réveille avec des parties corporelles qui font mal : c'est ce qu'on appelle les courbatures. Lorsque les contusions sont fréquentes, cela signifie que l'âme de la personne est constamment transportée dans le monde occulte où elle est prise comme un banc, une casserole, une marmite ou un instrument de musique quelconque tel que : le balafon ou le tam-tam. Une personne qui se réveille fréquemment avec des oreilles qui démangent peut également être supposée subir les effets d'oreilles empruntées pour écouter les affaires occultes. Ceux qui empruntent les oreilles et vont les utiliser dans le monde occulte, sont ceux qui jouent les rôles de magistrat. Cependant, il faut être très sage dans la prise des décisions sur les maux que présentent les patients. Il est vrai qu'un serviteur bien oint est une personne dont l'onction répond à tout et que dans la guérison des maladies par la puissance de Dieu, il n'existe pas de limite ni d'exception. Il est toujours bon de se rassurer si le malade a d'abord consulté les médecins des hôpitaux. Puis, se rassurer des résultats avant d'entreprendre les opérations spirituelles de délivrance. Cela se fait pour éviter les pièges du monde. Il y a des maladies cliniques qui parfois semblent ne pas trouver de solution dans le milieu médicale ; bien que le mal soit présent et que la personne en souffre. C'est le cas des maladies des nerfs. Les nerfs sont à plusieurs usages dans le monde occulte. Il faut savoir que Satan n'a rien créer ; mais qu'il est un voleur et un usurpateur. Lorsqu'un nerf humain est utilisé dans le monde occulte comme corde de guitare, si le musicien qui en fait usage pour sa renommée est en concert, la victime ressent d'atroces douleurs au niveau du corps où se situe ledit nerf. Dès que le musicien cesse de pincer sa guitare, le nerf cesse aussi de faire mal et la personne redevient comme si rien ne s'est produit dans son corps. Pendant que l'âme subit les forfaits de l'occultisme, le corps est la partie de l'être humain qui manifeste tout ce que l'âme a subi.

Les arbres[b]

Ils existent deux sortes pour lesquels les pratiques occultes sont exécutables : les forteresses et les opératoires.

Les forteresses

Comme son nom l'indique, ce sont de gros arbres, des rochers où sont gardés sous bonne surveillance les objets qui constituent les blocages des victimes des œuvres occultes. Pour qu'un arbre ou un rocher soit utilisé pour les causes occultes, il faut que cet arbre ou ce rocher soit préalablement consacré. Ces arbres et rochers sont : le baobab ou le fromager et des rochers. Ces arbres et rochers ont un creux qui sert de garde-manger ; et tout objet volé par les occultistes est gardé soigneusement à l'intérieur de ces arbres et rochers comme témoin (qui représente la victime) de la victime. Ces deux espèces sont très favorables aux pratiques occultes à cause de leur morphologie. Les arbres destinés aux pratiques occultes font l'objet de choix particulier. Ce sont des arbres qui sont faits en bois blancs et des fibres ; par conséquent facilement manipulable par le monde occulte ; et la plupart de temps, ces arbres se retrouvent à proximité des villages. Dans mon village natal, il y avait un que l'on disait que c'est un aéroport occulte. Ces arbres sont facilement transformables. On peut les ouvrir de l'intérieur par des procédés que seuls les initiés maîtrisent ; modifier la morphologie interne et donner toute forme qu'on veut selon l'utilisation conférée. A l'intérieur de ces arbres vivent des entités spirituelles qui reçoivent des instructions à partir du monde extérieur. Ceci nous amène aux opératoires.

Les opératoires

Ce sont des arbres d'utilité commune (manguiers, safoutier, avocatier), ces arbres ne sont pas utilisés pour être des garde-mangers occulte parce que les fruits tombent facilement. On peut seulement les utiliser pour envoûter les âmes de Dieu en consommant les fruits. Les arbres les plus utilisés en tant qu'opératoire sont : les cocotiers, les fromagers (baobab) et le bubinga. Ce sont des arbres dont les hauteurs surplombent les maisons environnantes. Par leur taille, ces arbres permettent de contrôler et d'espionner les vies. La noix de coco étant difficile à se détacher du tronc, elle constitue un bon instrument de contrôle. Lorsqu'un cocotier est consacré, et puisqu'il est aussi difficile de grimper, le peu de fruits qui y sont, représentent des individus ou des familles. Tout mouvement effectué par une personne qui figure dans le sciage des occultistes est su. C'est alors qu'on peut voir la vie d'un individu ou d'un village et le détruire par des échecs, des maladies ou par la drogue. Le jeune homme témoigne que toutes les étoiles (la vie) des habitants étaient sous leur contrôle. Lorsqu'ils voyaient qu'une personne était sous le point d'obtenir une bénédiction qui le propulserait vers les sommités du succès, ils se mettaient à l'œuvre pour détruire ladite bénédiction. Ainsi, tout le village était condamné à la pauvreté. Leur pouvoir de contrôle des vies ne se limitait pas seulement au niveau national ; ils avaient également le pouvoir de contrôler la vie d'une personne qui se trouverait hors du pays. Il fallait pour cela que l'étoile de cette personne soit détenue dans l'arbre forteresse. Ici, le jeune homme a beaucoup parlé du progrès social. Dans l'espèce de maladie, ils avaient des saisons bien ciblées. Chaque saison avait des maladies spécifiques qui la marquaient. C'est par rapport à une saison qu'on introduit une maladie spécifique dans la maison.

Il y eu un temps où la grippe faisait rage. Les gens en mourraient réellement. En Afrique, disent-ils, le problème qu'ils ont avec les maladies est que, les microbes meurent vite à cause de la chaleur. Si le microbe meurt pendant qu'ils essayent d'inoculer une maladie en quelqu'un, le démon qui devait contrôler ce microbe ne peut aussi demeurer dans le corps de la personne. C'est pour cela qu'ils optaient beaucoup sur les maladies portées directement par les esprits. Pour une personne dépourvue de la protection de Jésus, l'esprit porteur de la maladie trouve un terrain favorable. Ceux qui vont chercher la protection chez les charlatans disait-il, perdaient leur temps. Pour eux, il suffisait d'aller négocier avec le charlatan. S'ils tombent d'accord, dans les jours qui suivent, la personne retombe malade, et le cycle des dépenses financières recommence. Le jeune homme déclare qu'entre eux et le charlatan, il n'y a pas de différence de terrain : tous jouent dans un même terrain. Moi-même je fus frappé par une grippe qui ne disait pas son nom. J'ai pris tout genre de médicament contre la grippe, finalement j'ai arrêté. Je me voyais déjà empoisonné par le trop plein de médicament. En fin, poussé par le Saint Esprit, je me suis retrouvé dans une église locale où le serviteur faisait beaucoup de prières avant l'heure de la parole. C'est dans cette église que le mal a commencé à diminuer d'intensité. A l'heure où je mets sur écrit ces confessions, j'y vais encore dans cette église.

Dans les entreprises, ce sont les épreuves de découragement qu'on place devant la personne. Les épreuves viennent les unes après les autres. Lorsque je faisais l'auto délivrance, en sortant du verger occulte dans lequel mes entreprises et moi avions été emprisonnés, le Saint Esprit me fit voir trois mangues. Ces trois mangues signifiaient que j'allais encore passer trois épreuves avant de voir mes entreprises recommencer à évoluer. Je me suis mis à prier avec rage pour que le Seigneur Jésus détruise ces fruits afin d'éviter de vivre encore d'autres épreuves. En priant ainsi, la collègue qui avait détourné mon travail d'infographie sur les blocs notes et dépliants a vu son imprimeur suspendu de tous les travaux d'impression. Le programme même a recruté un ami qui est également une âme que le Seigneur Jésus m'a utilisé pour sa délivrance et son élévation ; dès lors, tout ce qui concernait les impressions me fut revenu.

Le jeune homme déclare que chaque fruit du cocotier représentait une famille. Ce cocotier ne portait que sept noix de coco ; et pas plus. Ces sept noix de coco représentaient les sept familles du village. Lorsqu'une noix se mettait à briller, ils connaissaient qu'il y a une personne qui veut déjà être élevée. Ils entraient donc en action pour détruire la bénédiction ou la dévier et la donner à une autre personne membre de leur société sécrète. Finalement, c'est la personne à qui ils ont donné ou vendu la bénédiction qui part manifester ladite bénédiction dans sa vie corporelle.
Lorsqu'une étoile est détenue captive, puisque c'est à partir de l'étoile de quelqu'un que sa vie est définie, toute la vie de cette personne est détruite : le mariage, les voyages, le travail, les enfantements de la femme… toutes ces choses, la personne ne pourra plus les vivre s'il n'y a pas de délivrance sérieuse. Les actes sont peu, mais les paroles sont actives. Jésus dit que la parole qu'il donne est esprit ; c'est-à-dire que la parole prophétique sainte est accompagnée par le Saint Esprit. Chez Satan, la parole de destruction est accompagnée par les démons exécuteurs. C'est pour cela qu'il faut toujours révoquer les mauvaises paroles et les mauvaises idées qui envahissent souvent la conscience ; pour cela, il faut que la personne soit consciente de son état. La parole que Dieu donne ne peut jamais être enlevée par Satan. La parole de Satan couvre seulement celle de Dieu. Une fois que la victime est consciente de son état, alors elle peut déjà commencer à penser à sa libération.

La nourriture[b]

1- Dans les réfectoires

Lorsque l'Apôtre Paul demande de manger de tout ce qui se vend sur le marché, de le faire avec action de grâce. Le monde le prend parfois à la légère. Le jeune homme qui confesse déclare que, lorsqu'il était fâché, les membres de sa confrérie occulte venaient à son secours s'enquérir de la situation. Un jour, pendant la pause de la mi-journée, un de ses camarades l'a rendu fâché. Aussitôt, ses partenaires occultes sont arrivés. S'étant informé de ce qui se passait, ils ont demandé la sentence à infliger à ses camarades ; et comme les marmites de nourriture étaient déjà en place, le jeune homme a demandé aux membres de sa confrérie occulte de déféquer mystiquement dans les marmites de nourriture ; et c'est ce qu'ils firent. Le midi de ce jour, tous ceux qui ont mangé, ont mangé une nourriture souillée d'excréments humains.

En guise de conclusion, toux ceux qui ont mangé la nourriture servie ce jour ont été empoisonnés mystiquement. Dieu seul sait combien de fois les élèves de cet établissement ont été victimes des coups semblables.

2- Dans les restaurants

Par définition et étymologiquement, ce sont des lieux de reprise des forces. On ne mange pas plaisir, mais on le fait parce que le corps le demande pour se restaurer et se fortifier. Cependant, il y a des personnes véreuses qui se sont mis au service de Satan pour détruire les vies des âmes de Dieu. Afin d'éviter d'être victime des coups de Satan et de ses agents, il est toujours conseiller de prier sur la nourriture avant de la consommer. Encore, il faut que la personne sache comment il faut prier.

Dans le domaine spirituel occulte, les rets qu'on jette par terre et qu'on fait traverser les gens ont une influence moindre par rapport à la nourriture qui entre dans la bouche. Satan fait toujours le contraire de Dieu. Pendant que Jésus dit que c'est ce qui sort de l'homme qui le souille ; Satan de son côté amène les gens à se souiller par ce qui entre dans la bouche.

Un jour de l'an mil neuf cent quatre-vingt-dix-huit, je me suis abonné à une femme qui faisait frire les beignets de farine, du haricot et préparait également la bouillie de maïs. Tellement que les clients abondaient devant son comptoir, il était impossible de voir ce qui faisait abonder les clients uniquement chez elle. Etant entouré d'autres commerçantes qui faisaient dans la même catégorie de petit commerce, c'est par son commerce que les boutiques et les bars environnants avaient les clients. Dès qu'elle terminait, le monde disparaissait aussitôt et les lieux qui vibraient de vie à cause de son commerce redevenaient stériles jusqu'au lendemain. Dieu étant Dieu, et que l'adage dit que quatre-vingt-dix-neuf jours pour le voleur, et un jour pour le propriétaire. Vint alors le jour de la vérité. De mes propres yeux, j'ai été témoin d'une cène épouvantable. Coupant la farine et la mettant dans l'huile qui était au feu, elle ne s'est pas rendu compte qu'elle avait oublié d'enlever son totem d'attirance qui conférait à ses beignets un goût et une attirance artificielle occulte. A une certaine quantité de la pâte dans la cuvette, apparu une grosse souris, très grosse comme le rat des terriers encore appelé rat palmiste chez nous, avec une longue queue et de gros testicules. A la vitesse d'un éclair, elle s'est saisie de ladite souris, l'emballa dans du papier journal et alla la jeter non dans le bac à ordures qui était placé non loin du lieu de la cuisson des beignets, mais derrière la boutique qui était située à près de trois mètres du lieu de la cuisson des beignets. Du coup, j'ai pris dégoût à ses beignets et aux beignets en général. A cette époque je venais de croire en Dieu par le biais de Jésus et je priais également beaucoup. Je crois que c'est le degré de prière que je faisais qui a amené le Saint Esprit à m'ouvrir les yeux charnels et de voir ce que je mangeais réellement ; et ce que cette femme faisait manger au monde qui était sa clientèle. Dès que je me suis retiré et pris la décision de ne plus manger les beignets de cette femme, et vu que son secret était déjà mis à nu, son commerce alla de manière décroissante et elle cessa de frire les beignets. Je fus affecté dans un autre service de la même entreprise. Cinq après, je revins faire un tour dans ce quartier et alla saluer la dame en question. Sans faire allusion des faits passés relatif à son commerce, elle me déclara qu'après mon départ, son mari était décédé, ensuite ce fut son fils, son unique enfant garçon parmi ses enfants. Au regard de ces faits, l'on ne pourra savoir combien de personnes ont été infecté par les beignets de ladite femme. Ces choses n'ont pas seulement pour rôle d'infecter la vie des Hommes ; elles ont surtout pour rôle de voler les vies humaines. Le vol se fait par le détournement des bénédictions ; certaines personnes surtout les hommes peuvent devenir infertiles, et comme pour conséquence, ils ne pourront jamais enceinter une femme. Des examens montreront que les spermatozoïdes sont normaux et au bon taux ; mais, tant qu'il n'y aura pas de délivrance, le monsieur restera sans enfant. A la longue, la victime peut même perdre ses facultés érectiles. Chez la femme, elle peut être victime des maux de bas ventre constant, des règles douloureuses, des nutritions de nuit pendant son sommeil. Si elle arrive même à concevoir, l'enfant qui va naître sera déjà possédé par un esprit satanique qui prendra la forme et les caractères de souris. Ce sont de tels enfants qui volent sans arrêt malgré les conseils prodigués à un tel enfant. Malgré les maisons de redressement dans lesquelles un tel enfant peut passer, il n'y aura pas de suite favorable. Ce sont également de tels enfants qui sont capables de voler leur propre richesse. Voler sa propre richesse constitue à venir par exemple casser sa propre maison, s'emparer de ses biens en tant que voleur et les vendre à l'insu des regards familiers et amicaux ; et ensuite accuser une tierce personne inconnue. Généralement, ces enfants ne vivent assez longtemps. Dans le langage familier de ma langue nationale, nous les appelons "*les enfants passagers du monde*". Ces enfants, jamais n'enterrent leurs parents, jamais ne vieillissent, leurs pensées sont toujours tournées vers le mal, et ils sont toujours entrainés vers les lieux interdits par la parole biblique et vers des actes où ils peuvent facilement perdre leur souffle de vie. Ils iront ainsi jusqu'au jour où leurs parents recevront la nouvelle de venir seulement récupérer la dépouille mortuaire si une délivrance sérieuse et bonne n'est pas faite dans leur vie.

En guise de résumé, sur ce qui concerne les souris dans les beignets, pour que les sceptiques ne puissent pas penser que ce fut un fait de hasard, j'ai déjà vécu ces faits à plus de deux fois. La dernière en date se fit lorsque j'ai seulement goûter à un seul beignet d'une femme très réputée dans le petit déjeuner constitué uniquement de la cuisson des beignets, du haricot et de la bouillie. Ceux qui étaient témoins, je leur ai dit que j'ai des sensations d'avoir mangé une souris. Quelques mois plus tard, la chose fut découverte. Cette femme déménagea du carrefour où elle faisait frire les beignets et alla continuer à le faire chez elle. Elle installa des jeunes filles comme agents commerciales au carrefour pendant qu'elle-même faisait frire les beignets chez elle. Ces jeunes filles assurent maintenant le transport des beignets de la maison vers le point de vente.

La réhausse occulte : la chair humaine servie sur la table de réunion occulte

1- Historique de la possession du jeune homme

Le jeune homme qui confesse ses forfaits déclare : de manière générale, un esprit Satanique ne peut entrer dans la vie d'un être humain de son plein gré ; il faut toujours qu'il y ait un agent d'exécution des ordres occultes qui soit la cause. Lorsque le jeune homme vient au monde, son papa lui donna le nom de son grand père. Dans la *tradition Beti*, cela veut dire que l'enfant est le *petit mari* de sa grand-mère. Naturellement, et dans l'amour familial il n'y a aucun problème. La grand-mère peut librement appeler son petit-fils de "*mon mari*". Pour le grand père, il peut également appeler sa petite fille de "*ma femme*". Tous ces faits ont pour rôle de renforcer les liens d'amour de la famille et généralement de consolider l'amitié et la solidarité entre les deux belles familles. Il peut arriver que le malin s'installe ; alors dans ce cas précis ce sont les petits enfants qui sont détruits par leurs grands-parents. C'est de cette manière que le jeune homme devint réellement le mari de sa grand-mère paternelle dans le monde spirituel occulte. En général, chaque personne, lorsqu'elle n'a pas encore cru sincèrement à Christ, a le double de son image dans le monde occulte. Ces choses se font parce que les hommes et les femmes ont eu la culture qui stipule que, Satan est plus proche de l'être humain par rapport à Dieu. Nos comportements d'ignorance vis-à-vis de la parole de Dieu, les scarifications et les tatouages que font les êtres humains sur leur corps sont autant de comportement qui favorisent le

rapprochement de Satan près des êtres humains. Le peu de temps que Satan a, il l'exploite à fond pour faire croire aux êtres humains que Dieu est loin d'eux ; et que c'est lui qui est présent et prêt à apporter des solutions aux problèmes dont font face les êtres humains. Et, l'homme dans son ignorance a vite fait d'accepter les propositions mensongères de Satan. Dieu ne court pas après les Hommes pour manifester sa gloire. C'est plutôt Satan qui court après les Hommes pour pouvoir corrompre autant que possible les âmes et les amener à la damnation Eternelle. Il imite donc Dieu.
Pour celui qui accepte Dieu dans sa Plénitude selon les déclarations de Pierre dans ***Actes 2***.

2.36 *Que toute la maison d'Israël sache donc avec certitude que Dieu a fait Seigneur et Christ ce Jésus que vous avez crucifié.*

2.37 *Après avoir entendu ce discours, ils eurent le cœur vivement touché, et ils dirent à Pierre et aux autres Apôtres : Hommes frères, que ferons-nous?*

2.38 *Pierre leur dit: Repentez-vous, et que chacun de vous soit baptisé au nom de Jésus Christ, pour le pardon de vos péchés; et **vous recevrez le don du Saint Esprit.***

2.39 *Car la promesse est pour vous, pour vos enfants, et pour tous ceux qui sont au loin, en aussi grand nombre que le Seigneur notre Dieu les appellera.*

2.40 *Et, par plusieurs autres paroles, il les conjurait et les exhortait, disant: Sauvez-vous de cette génération perverse.*

Vous recevrez le don du Saint Esprit ; le don du Saint Esprit ici est le Saint Esprit lui-même : la quatrième dimension que Jésus a demandé à son Père de donner à ses amis. Chez Satan, il en fait autant ; à la seule différence que le Saint Esprit ne possède pas l'être humain ; mais il se greffe à l'être humain. Par contre chez le Satan, sa quatrième dimension possède l'être humain et devient son maître incontesté à qui l'obéissance absolue est de règle. C'est cet esprit qui constitue donc la possession de son être. Lorsque que cet esprit opère, il sort d'abord du corps de son hôte et va dans l'accomplissement des missions qui lui sont assignées. Dans les transformations de puissance occultes, c'est cet esprit qui reçoit des instructions et les fait répercuter dans la conscience de son hôte pour lui faire prendre conscience de ses nouvelles capacités spirituelles.
Le jeune homme devait donc recevoir de nouvelles puissances pour de nouvelles missions auprès de ses parents. Pour y arriver, il doit passer par une nouvelle étape qui est autre que celle de coucher avec sa grand-mère paternelle en esprit. Manger la chair humaine sur la table dans le monde occulte. Sa grand-mère qui est

également sa marraine est celle qui lui fit subir ce baptême. Une fois qu'il avait fini de manger la chair humaine, il a perdu tout sentiment d'amour envers ses parents. La chair humaine a réveillé en lui du courage et de l'autorité. En fait, il a perdu tout sentiment humain. Comme pour dire, pour être un bon serviteur, il faut tuer le sentiment humain. Dès lors, le jeune homme pouvait s'attaquer spirituellement à ses parents sans froideur. En Afrique, la perte du sentiment humain se manifeste par l'exécution de ses semblables (surtout les membres de la parenté) par des moyens spirituels occultes très avancés. Dans les pays comme les Etats Unis d'Amérique, la perte de sentiments humains se manifeste par des tueries à mains armées. Au Rouanda, ce fut le génocide où les gens tuaient sans vergogne à la machette. Les conséquences de la perte du sentiment humain vis-à-vis de ses semblables peut donc prendre des formes diverses selon les milieux et selon les contextes.
Le jeune homme, sous les ordres de sa grand-mère avait mainte fois tenté d'éliminer sa maman sans succès. Le jeune homme, sous les ordres de sa grand-mère avait semé du trouble entre sa maman et son papa plusieurs fois. Son papa est même parti à porter main sur sa maman sous son regard occulte encourageant. Toutes ces situations ne lui disaient plus rien à cause de la chair humaine qu'il avait mangé dans le monde occulte. Toute fois qu'un enfant essaye de porter main sur un de ses parents, cet enfant n'est pas loin de l'influence d'un esprit de perte de sentiments humains.

J'avais deux oncles paternels qui étaient sous l'influence de l'esprit de souris. Ces deux oncles étaient de grands voleurs. Ils volaient tellement qu'ils arrivaient à voler les épingles des habits des enfants de leurs sœurs. Le plus grand en âge a fait la prison plus de trois fois. A la mort de mon papa, il a déclaré : voici celui qui venait souvent à mon secours quand je commettais les péchés dans ma vie. Aidez-moi, la prison, ni les centres de correction ne peuvent pas me changer. Le charlatan et le guérisseur ne peuvent rien. Je vous en prie, chercher la solution ailleurs. A ce temps, les prêtres exorcistes et les pasteurs de la délivrance n'existaient pas encore dans mon pays. Je m'en souviens bien, dans mon pays, il y avait à cette année-là un seul prêtre exorciste. Pour le rencontrer, il fallait faire des files d'attentes interminables et parfois prendre des rendez-vous qui allaient au-delà du mois. Finalement les deux sont décédés sans qu'on puisse faire quelque chose de bon pour leur délivrance. De bouches à oreilles, j'ai entendu mainte fois qu'on les aurait fait manger la chair de souris dans du mets de grains de courge. La souris en elle-même est un animal qui peut être mangé ; mais c'est qui se trame au-delà de ce repas qui est redouté.

Ces possessions de déviance spirituelle sont des alliances qui sont très fortes ; ce sont également des alliances de vie. Ces unions sont plus solides qu'elles peuvent subsister jusqu'à ce que l'un des partenaires décède physiquement. Puisque l'esprit est l'entité qui vit aussi longtemps que Dieu le veut, quoique décédé physiquement, la personne continue à voir l'esprit occulte de son partenaire dans le monde occulte ; par conséquent, le mariage continue à être consommé dans ce domaine-là. C'est pour cela que ceux ou celles qui ont pris goût à ces union sexuelles occultes n'éprouvent aucun goût à tout acte sexuel corporel ; même les simples câlins n'ont aucun sens dans leur vie. Ces hommes et ces femmes ont toujours des positions extrêmes en matière de prospérité. S'ils sont sales, ils le sont de manière extrême. Si par contre ils sont propres, ils le font également de manière sublime. S'ils sont riches physiquement, dans le monde occulte, ils sont pauvres. C'est pourquoi de telles personnes font des sacrifices perpétuels en âmes humaines. Il n'y a pas de position médiane dans leur comportement. Le jeune homme qui devait donc passer à l'étape opérationnelle du mal (tuer sa maman) dans sa famille devait absolument passer par une nouvelle alliance de réhausse : manger la chair humaine dans le monde occulte. Il faut également savoir que les nutritions occultes, que ce soit de manière consciente ou inconsciente, ces nourritures ne disparaissent jamais du corps du consommateur ; ce sont des trophées. Le seul moyen qui permet de les éliminer du corps humain, est de passer par la purification ou la délivrance en Jésus. Déjà que la purification n'enlève que les toxines que ces choses produisent dans le corps de leur hôte, alors que la délivrance déracine la souche et procure la guérison et la restauration. Tant que la personne qui a été sujet à la nutrition occulte consciente n'est pas délivrée, la mission qui lui a été assignée n'est pas aussi annulée.
Après avoir donc mangé la chair humaine qui a produit en lui l'accomplissement du meurtre de sa maman, il fallait qu'il passe maintenant à l'action. Il a commencé à mettre la discorde entre ses deux géniteurs. Dans les foyers où il existe un enfant ayant un esprit démonique de trouble, ce foyer conjugal est appelé à vivre un enfer. Pour un rien, la prise de bec entre les époux devient un foyer de feu difficile à éteindre. J'ai vécu un cas similaire avec mes parents géniteurs.
De retour du Gabon, mon papa s'est allié à une dame dont l'alliance a été bien concocté par les parents de mon papa. La séparation qui s'en est suivie fut définitive. Les deux époux ne se sont jamais mis ensemble jusqu'à leur décès. Etant inconscient de la situation que vivaient mes parents, j'avais remarqué que leurs problèmes s'accentuaient toujours pendant la période de mes examens officiels. Tout partait toujours de l'opposition dans le choix qu'a fait mon frère

aîné sur la femme à épouser. Me rangeant toujours du côté de mon frère, et sachant que je faisais le bon choix, je leur disais qu'il faille qu'ils laissassent mon frère aîné libre dans son choix. Si c'est vous qui faite un choix de femme pour lui, le jour où ça va dégénérer, il vous accusera en dénonçant votre choix. Un mois avant l'examen de BEPC, le même problème que nous croyions classé refit surface ; et cette fois, sans m'y attendre, ma maman prononça des paroles de malédictions envers mon examen (*si c'est le petit BEPC que tu veux faire-là qui te monte par-dessus la tête, je verrai comment tu vas le réussir*). Ma grande mère qui suivait la cène réplica : *ce n'est pas moi qui ai parlé, c'est la maman qui a maudit l'examen de son fils*. Pour la première fois j'échoue à un examen officiel. A la mort de mon papa, une de mes sœurs qui est jumelle, sachant ce qui s'était passé, vint pour remettre l'ordre, c'est-à-dire qu'elle savait que mon papa était dans un état de mort artificiel, elle a voulu le ramener à la vie. Comme par hasard, je me trouvais près des disputes qui se passaient entre mes sœurs et ma maman, elles lui dirent de ne pas s'y mêler, cela ne la concerne pas. Le nombre eut le dessus sur ma petite sœur qui se trouvait seule dans son camp de faire revenir l'âme de papa dans son corps. Finalement on décida de vite l'enterrer ; mais à lors très vite ; car dans des cas pareils, si le corps passe trois jours sans être enterré, l'âme de la personne revient dans son corps et la personne reprend vie ; même si le corps a été mis à la morgue, il reprend vie ; surtout quand le mort est innocent.

Le jeune homme a donc commencé son travail. Il commença à injecter l'esprit de célibat à ses frères et à ses sœurs. Il procédait de la manière suivante : puisque toute sa famille était déjà sous son contrôle, aucun geste ne lui échappait. Chaque fois que l'un de ses frères enceintait une fille, il amenait ce frère à abandonner la fille ; de même pour ses sœurs, lorsqu'une d'elle était enceinte d'un homme, le monsieur abandonnait sa sœur sans raison. Ainsi, la famille se retrouvait avec des enfants qui avaient des actes de naissance dont les noms des géniteurs n'étaient pas portés dessus. Des femmes et de hommes condamnés au célibat.

Le jeune homme, étant étudiant, et interne, revint un jour de sortie rendre visite à ses parents, et il fut surpris que l'état spirituel de sa maman eût complètement changé. Comme la parole de Dieu le dit : *vous verrez désormais la différence entre celui qui me loue sincèrement et celui qui ne me loue pas*. Sa maman a donc fait connaissance avec le Seigneur Jésus dans une très grande dimension qui mettait la mettait hors de portée de ses incantations occultes. Le jeune homme déclare : pendant la courte visite que les étudiants rendaient à leurs parents, il trouva que la manière de prier de sa maman avait changé. C'était déjà une femme pleine d'autorité, pleine de force et de vitalité dans la manière de prier. Elle savait déjà prendre autorité sur les maux et les mauvais esprits. Elle savait déjà accompagner ses mots de prière par des gestes convenables et précis. La maman était devenue une femme d'autorité, elle savait déjà traiter avec le Saint Esprit. Elle pouvait déjà ouvrir le ciel et faire descendre le feu. Elle commandait et les choses s'exécutaient. L'atmosphère conjugal occulte subissait déjà la frappe de la main puissante de Jésus. La maman était déjà environnée d'un arc-en-ciel de protection de feu venu tout droit du trône de grâce. Son fils ne la reconnaissait plus.

Qu'est -ce que je vois ? se posait-il comme question, ce n'est pas possible. Cette fois je sens que c'est plutôt moi qui vais maintenant fuir cette maison. Dès lors, le fils qui marchait sur tout le monde par ses moyens occultes se vit très vite rappelé à venir continuer ses études étant dans la maison familiale. Fini les internats, désormais, tu iras le matin comme tout le monde et revient le soir comme tout le reste de tes frères et sœurs, avait instruite sa maman. Biens aimés, voyez comment le Satan fait souvent dépenser de l'argent dans les familles. Le collège du jeune homme n'était même pas loin de la maison, mais il parvint à faire accepter à ses parents de le mettre sous pension dans un internat. En fin, sa maman commençait à vivre les moments de joie et de paix grâce à Jésus qu'elle a rencontré à travers les radios d'expressions chrétiennes, en suite, elle s'est rendue dans un temple où la parole de Dieu est enseignée avec autorité. Le jeune homme était mal à l'aise chez lui désormais. Le Seigneur Jésus avait déjà démantelé son empire dans la maison de ses parents. Il y avait même des nuits où il était obligé d'aller les terminer coucher à la véranda à cause de la puissance que désormais développait sa maman dans les prières. Etant dans le trouble, le jeune homme fut obligé de convoquer des réunions extraordinaires en esprit après avoir quitté son enveloppe corporelle par projection astrale, afin de demander plus de secours ; car disait-il à sa grand-mère " *toi tu dors pendant que moi je suis dans des problèmes ; la femme-là, elle est devenue une autre, elle a totalement changé ; je ne la reconnais plus*". Ce qu'il faut savoir est que : comme je l'ai souligné un peu plus haut, tant que la personne possédée n'est pas délivrée, elle ne peut jamais abandonner le combat ; quand bien qu'il confesse tout ce que le diable lui a fait faire sur son autel. Ayant donc invoqué sa grand-mère, celle-ci l'inonda encore de plus de pouvoir occulte après lui avoir relater ce qu'est devenu sa maman en lui tapant sur la main. Tout confiant, en rentrant de l'arbre à paroles, il disait qu'il verra ce qui va sauver cette femme cette nuit. Arrivée à la maison, il décida d'aller dans la chambre de sa maman en esprit ; car disait-il, si je vais avec mon corps, il sera obligé de faire du bruit à la porte, par conséquent il faut que j'aille en esprit au travers de la porte. Ce qu'il fit. Très déterminé à tuer sa maman cette nuit-là, très grande fut la surprise qui l'attendait. Etant entrée dans la chambre de sa maman, il la trouva couché dans son lit. Au moment d'étendre sa main pour passer à l'acte, une grosse machette sortie de nulle part a commencé à tournoyer au-dessus du lit. Pendant que le jeune homme tente de se saisir de la machette par le biais de ses invocations, il s'aperçut que sa maman a disparu du lit. Cherchant à tout prix à accomplir sa besogne, il contourna le lit pour voir où se trouvait sa maman, il souleva la couverture et vit un monsieur vêtu en blanc, ce monsieur, en un éclair se leva et le gifla. Le jeune homme déclare que ses yeux ont tourné dix fois avant qu'il ne retrouve les sens de sa conscience. Brusquement, il a disparu de la chambre de sa maman pour chuter brutalement dans son corps en suant à grosses gouttes et respirant en sursaut. Sa maman qu'il cherchait dans son lit se réveilla par les bruits qui se produisaient dans la chambre du jeune homme et demanda à son fils ce qui se passe dans sa chambre avec tant de bruits. Au levée du jour, puisque ce fut le jour du dimanche, elle ordonna que toute la famille devrait venir avec elle et voir là où elle vit les merveilles de Dieu. Ce jour, le jeune homme a inventé tout genre de maux pour éviter de partir au temple. Comme réponse, sa maman lui dit : c'est là-bas même que tous ces maux vont trouver les solutions. Arrivé au temple, lorsque le jeune homme a croisé les yeux du serviteur, il se mit à courir dans toute la salle cherchant là où se cacher. Bref, c'était le début de sa délivrance.

Que pouvons-nous retenir de ce témoignage ?

C'est que la mort de quelqu'un ne vient jamais de l'extérieur. Comme le dit le Seigneur Jésus, l'homme aura pour ennemi les hommes de sa maison et que, tout ce qui arrive à une personne ne sert à rien d'accuser son semblable ; mais concoure au bien du fils ou de la servante de Dieu. Car ces choses sont arrivées pour que les œuvres de Dieu se manifestent dans la vie des uns et des autres. De mon avis, que les parents ne soient pas seulement vigilant physiquement, mais aussi spirituellement. Se méfier des petits sobriquets qu'on donne souvent aux enfants. Chercher la gloire de Dieu uniquement en Jésus. Le fait de demander aux Apôtres d'aller garder le reste des paniers de poisson et de pains, veut signifier qu'il y a et il y aura toujours la réserve pour tous ceux qui vont venir, en aussi grand nombre que Dieu les appellera.

La recherche de la gloire à tout prix

Pour une bonne éducation spirituelle, l'être humain devrait de contenter de ce que c'est l'Eternel Dieu qui enrichit. Il enrichit d'une richesse qui ne souffre d'aucune condition. L'éducation spirituelle que vivent les hommes et les femmes est limité sur des faits tels : le royaume des cieux appartient aux pauvres ; l'argent est un fruit du diable ; quand l'on est riche, on oublie facilement Dieu ; alors il faut éviter d'être riche. Ces doctrines ont fait que les serviteurs n'amènent plus le peuple de Dieu à travailler dans l'assurance des promesses et de la concrétisation des bénédictions de Dieu en ce qui concerne les finances : l'argent ou la monnaie. Dans les congrégations que j'ai parcourues, ayant maîtrisé la science de l'observation, tous demandent au peuple de payer leurs dîmes, donner les offrandes, faires des libéralités, mais je n'ai vu les serviteurs oindre le peuple par une onction qui fera que les biens de ce monde soient leur partage. Les huiles de faveurs, les eaux des miracles ; mais jamais de l'huile qui puisse attirer l'argent dans les entreprises. Quand bien que quelqu'un est financièrement riche, il va scander le nom de (Dieu) qui est à l'origine de sa prospérité financière ; mais il ne vous dira exactement de quel (dieu) il s'agit. Il ne dira jamais quel chemin il a emprunté pour y parvenir. C'est pour cela qu'il est imprudent de regarder la fin. Il faut plutôt chercher le comment et le chemin emprunté. La recherche de la gloire à tout prix cause plus de dégâts dans la vie des hommes et des femmes. J'ai vu des hommes tuer à cause de l'argent. J'ai vu de femmes tuer à cause de l'argent. J'ai vu des parents sacrifier leurs enfants pour de l'argent ; des époux qui sacrifient leur conjoint à cause de l'argent. Moi-même, mes études ont été sacrifiées à causes de l'argent. Mon épouse qui m'a quitté, est partie à cause de l'argent qu'elle voulait avoir en prétendant changer de foyer conjugal pour vouloir épouser un Européen. Bref, la recherche de l'argent à tout prix cause de grands dégâts parmi les âmes de Dieu ignorantes de la vraie nature de Dieu. L'on se comporte comme si les merveilles de l'onction de Dieu ne sont que des fables. Or, il y a une phrase dans le livre de ***Jean 1*** *:...et le parole s'est faite chair, elle a habité parmi nous pleine de grâce...*

Lorsque mon frère aîné ma déclare : "*Jésus est le plus puissant, ne craint rien*". Ces mots furent comme si l'on versait de l'eau dans de l'huile chaude, puis une grande flamme s'élève du dessus de l'huile, amenant toute personne à l'alentour de bien s'assoir ou de fuir la flamme, ou la chaleur qui se dégage du contact des deux liquides. A la longue, lui-même est devenu un grand occultiste à cause de l'argent.

Voici comment cela se fit : lorsque nos parents sont partis au Gabon pour chercher fortune, nous nous sommes finalement retrouvés dans la maison construite par notre papa en compagnie de la grande sœur de notre maman.

Certains faits ont commencé à se produire dans la famille où notre tante disait qu'on voulait tuer mon frère aîné. Les songes où mon grand frère est en train de se battre contre les esprits se racontaient de bouches à oreilles. Tantôt c'est notre tante qui se mettait à relater les faits ; puis mon frère aîné confirmait. Dans ce jeu, puisque j'étais ignorant sur tout ce qui se passait, je me mettais seulement à écouter. Tantôt c'était les parties des habits de mon frère aîné qui disparaissaient. Un jour, elle s'est mise à raconter comment elle a vu mon frère aîné bagarré avec des personnes qui sont venues dans un avion pour l'enlever. Mon frère aîné s'est mis à se défendre, finalement, il s'est accroché à l'aile de l'avion qui transportait ces gens au moment où ils voulaient s'enfuir ; au finale, l'avion a explosé en plein vol et mon frère aîné a atterri sur la terre ferme sans égratignure. C'est après des années que j'ai compris que, tout ce qui se passait dans la vie de mon frère aîné n'était qu'un processus de formation et de tests pour voir s'il était vraiment digne de la place qu'on lui donnait dans le monde occulte. Quelques années plus tard, il passa à l'action. Je vins habiter avec lui, pendant qu'il travaillait aux brasseries. Il commença à dire à sa femme que le temps pour eux de devenir riche est arrivé. Je suis allé composer pour la première fois à l'examen de probatoire et cette année-là, j'ai échoué. J'ai pris cela comme l'échec du premier essai. La deuxième année, j'ai encore échoué. Puis une troisième fois. A la troisième fois, il vint me dire qu'il connait la cause de mes échecs à l'examen de probatoire. Intérieurement je me suis donc dit, s'il connaissait vraiment les causes de mes échecs pourquoi ne peut-il pas les révoquer ? entretemps, j'avais déjà constaté qu'à chaque échec que j'essuyais dans les examens, il obtenait une réhausse dans son lieu de travail. Ce qui se passa dans le village de sa femme vint également confirmer mes constats. A la quatrième tentative à l'examen de probatoire, lorsque les résultats furent proclamés, n'ayant toujours pas réussit, je décidai d'abandonner l'école. Au su de cette nouvelle, il devint furieux. Il convoqua nos parents pour leur mettre au courant. Malgré l'insistance de nos parents, je restai campé sur ma décision. Finalement, l'on me laissa tranquille. Après avoir vu que je n'allais plus à l'école, il décida également de démissionner des brasseries. Il entra dans une société secrète où la prêtresse demandait aux membres de sauter par-dessus le feu pendant leur rencontre. Je fus invité à une de leur soirée accompagné de mon fil aîné qui avait à cette époque douze mois. L'on me donna de lire la parole, puis l'expliquer. Ce que je fis. Au lever du jour, je suis reparti avec mon fils. A mon retour, je suis tombé malade. Leur tenant informé sur mon état de santé, ils m'invitèrent encore rencontrer la prêtresse. Sans savoir comment la réponse est venu de ma bouche, je leur ai signifié mon refus. Malgré leur insistance, je restai comme d'habitude campé sur ma décision. Finalement, comme par miracle, je me suis rétabli. Etant donc séparé de lui, je me suis remis à la prière et à la lecture des évangiles du Nouveau Testament. De manière inconsciente, sa femme et lui disparurent de ma vie ; car, même dans les songes, ils n'apparurent plus. Ayant trouvé un nouvel emploi dans la région de l'Est, ils déménagèrent avec leurs enfants. De rang de directeur qu'il occupait, sa société secrète lui demanda la compensation à cause de son élévation. Elle commença à lui réclamer un sacrifice humain. Etant dans l'embarras de choix, on lui imposa de livrer son premier enfant garçon ; ce qu'il accepta. Lorsque je revois le film du décès de cet enfant, il faut reconnaître et avouer que Satan est réellement méchant ; et que c'est un monde où il n'y a pas de pitié pour les faibles. Le faible est mangé par le plus fort. De rang de directeur qu'il était, ayant à sa disposition tous les véhicules de l'entreprises, un avion et un hélicoptère sous son contrôle, lorsque son enfant a eu un malaise, au lieu de le transporter dans la voiture pour l'hôpital, il a plutôt demandé à notre petite sœur qui habitait avec lui de l'amener à l'hôpital sur une moto. Sa femme même, la mère de l'enfant était là sans se gêner pour l'état de santé de son enfant. En somme, comme il était la bête de somme à abattre, tout le monde dans la maison avait déjà du rejet envers l'enfant. De la maison à l'hôpital de l'entreprise, l'enfant décéda en cours de chemin. Comme il fallait s'y attendre, il fut encore rehaussé de belle manière. Il fut affecté à Yaoundé et au rang de directeur exécutif. Contrôlant l'unité de Yaoundé et celle de l'Est. Même les occidentaux qui étaient des directeurs expatriés n'avaient plus d'autorité sur les décisions de mon frère aîné concernant l'entreprise. Trois ans plus tard, ce fut notre petite sœur qui était arrachée de la vie. Un jour, le plan avec ma femme était déjà de liquider notre premier fils. Celui-ci développa un paludisme anormal. Etant au travail, il tomba à l'école. Mon épouse ne prit même pas la peine de me tenir informer sur l'état de santé de l'enfant. Arrivé à la maison, c'est là que j'apprends qu'elle est à l'hôpital avec l'enfant. Je m'y suis rendu. J'ai trouvé l'enfant sous perfusion. Pendant que je cherchais à savoir les causes de cette maladie brusque, le petit beau-père de mon frère aîné fit son entrée dans la salle des soins.

Qui t'a indiqué ce lieu ? lui-ai-je posé la question.

Je suis venu de moi-même, a-t-il répondu.

Qu'est ce qui t'amène ?

Je suis venu t'annoncer le décès de ta petite sœur, et le corps est déjà à la morgue. Comment cela ? sans avoir entendu qu'elle est malade ? et d'ailleurs, nous sommes les deux hommes déjà matures de la famille, comment une chose pareille peut-elle se produire sans que je sois informé à temps ? de quelle maladie

souffrait-elle ? Là-dessus, il n'a pas su quoi me dire.
Instantanément, sans réfléchir, je lui ai répondu : " va dire à celui qui t'a envoyé de terminer ce qu'il a commencé". Après ce décès de notre petite sœur, mon frère aîné devint le super, super directeur. Désormais, non seulement il contrôlait les deux centres de l'entreprises, mais aussi il obtint de manière officielle deux voyages en guise de mission officiel chaque mois dans la région de l'Est. Du côté de sa femme, ce sont toutes ses tantes qui décédaient les unes après les autres. Tout cela ne suffisait pas. On lui proposa de me livrer aussi s'il voulait être riche financièrement jusqu'à la fin de ses jours sur terre. C'est là où il fut totalement bloqué ; car il a rencontré non moi mais le rocher de tous les âges. Il fut bloqué à vie. Sa société secrète ayant tellement attendu sans succès mon décès, l'entreprise dans laquelle il travaillait le mis à la retraite sans une prorogation d'une année comme on le fait souvent avec de grandes personnalités. Sa société secrète ne s'est pas arrêtée là, on lui imposa de vendre sa maison et le terrain y compris. Il se mit aussi à vendre tous les titres domaniaux qu'ils avaient de manière qu'il n'avait plus là où habiter. On le contraint aussi de quitter le pays pour des destinations inconnues. Voyez comment la recherche à tout prix du pouvoir à finalement rendu une personne très respectée de la famille comme un enfant. Aujourd'hui, il est devenu comme un oiseau migratoire et jure ne plus mettre pied sur sa terre natale. Ayant été déçu, la famille s'est repliée vers moi pour pouvoir rebâtir le patrimoine de notre papa. Dans cet optique, s'il n'est pas délivré, je ne sais si, nous qui sommes les membres de sa famille ou un de ses enfants pourra avoir le privilège de voir sa dépouille mortuaire lors de son décès. Sa société secrète lui a interdit de ne plus mettre ses pieds au pays sous peine de décès.

La gloire n'est pas seulement dans la recherche de l'argent ; il existe également des opérations spirituelles que Jésus a conféré à ses disciples qui sont également les attributs de gloire. Qu'il soit merveilleux et reposant de pouvoir transmettre la vie que Jésus offre sur ses semblables !

Marc 16

16.17 *Voici les miracles qui accompagneront ceux qui auront cru: en mon nom, ils chasseront les démons; ils parleront de nouvelles langues;*

16.18 *ils saisiront des serpents; s'ils boivent quelque breuvage mortel, il ne leur feront point de mal; ils imposeront les mains aux malades, et les malades, seront guéris.*

16.20 *Et ils s'en allèrent prêcher partout. Le Seigneur travaillait avec eux, et confirmait la parole par les miracles qui l'accompagnaient.*

Ces paroles, plusieurs veulent qu'elles s'accomplissent dans leur vie, mais refusent d'accepter celui qui est l'auteur des dites paroles. Ma grande sœur, par souci de concurrence ou d'imitation, m'ayant vu manifester les miracles de Jésus, décida de se lancer dans la même voie d'opération des miracles. Malgré que je lui disais qu'il faille d'abord passer par la délivrance pour se débarrasser de la semence occulte qu'elle porte en elle ; elle n'a pas écouter la voix du Saint Esprit. Elle a cru que c'est son petit frère qu'elle connait qui lui parlait, et comment peut-il maîtriser si bien ce qu'elle cherche. Un jour en allant lui rendre visite, elle commença à me dire que : "*lorsqu'elle se rend au bord du fleuve qui longe la ville où elle s'est établie avec son mari, on lui dit tout ce qu'elle veut savoir dans la vie des gens*". Je lui ai clairement déclaré que ce sont les esprits des eaux, Jésus n'est même pas à un centimètre de ce qu'elle fait. A la longue, elle a fini par ouvrir une église dans laquelle on parle de vision au peuple ; et où on parle également de "*papa a dit que...*". Un jour, puisque mon dernier fils était encore à l'âge de ne pas pouvoir se prendre en charge (se laver et laver ses habits), je suis allé le laisser chez elle ; ce qui fait que je suis encore constamment chez elle pour rendre visite à mon fils. Pendant que je passais des moments de sanctification, ma vie financière s'étant également dégradée, je lui fis part de ce qui m'arrivait. Comme réponse de consolation, elle m'a dit : "*ne t'en fait pas, Abega lui-même est au contrôle*". Abega est le nom de notre feu papa.
Comment papa peut-il être au contrôle de ma vie alors qu'il est décédé ? Finalement j'ai conclu et affirmer qu'elle travaillait avec des esprits autre que le Saint Esprit. Puis je refis un autre tour chez elle. A mon arrivée, ma petite sœur qui habite aussi avec elle me présenta une femme, disant que c'est la femme qu'on m'a réservée. Regardant ladite femme, le Saint Esprit m'ouvrit les yeux et me fit voir l'esprit des eaux qui était en elle.
-Est-ce qu'elle est délivrée ?
-Oui, répondit-elle.
-Comment ça ?
-Comme tu le vois, elle est très serviable. Elle vient chaque matin balayer le sol, fait la vaisselle et repart.
Reprenant la parole, je lui ai dit : dans la médecine, l'on regarde les rhésus sanguins ; et dans le Seigneur Jésus, nous regardons et observons les esprits ; puis nous les éprouvons. Ces méthodes sont uniquement de Jésus. Vous, c'est la serviabilité qui fait d'une personne un disciple de Jésus ? Puis je suis rentré à Yaoundé. Au voyage qui suivait, je leur ai posé la question de savoir où est ma femme que vous m'avez présentée la fois dernière ?

-Elle est repartie dans son ancienne vie. Elle s'est même mise à faire des pratiques occultes dans l'église.
En conclusion à cette conversation, je leur ai dit que, tant que vous n'êtes pas délivrées, tous ceux qui viendrons vers vous seront semblables à vous et resteront également semblables à vous.
Au finish, une série de décès s'est produit dans cette soit église. Heureusement que ces personnes ont souvent décédé hors de l'église.

Dans ce témoignage, c'est ma sœur qui est concernée. Ai-je pris son parti parce que c'est ma sœur de même père et de même mère ? non. Parce que le Seigneur Jésus nous demande de nous débarrasser des esprits de séduction et de corruption qui sont des blocages et des échecs sur le chemin du salut et de plus, il n'y a pas de parenté en esprit. Dans cet envoûtement, ma sœur est partie d'elle-même tisser des alliances ; et personne d'autre ne sait combien sont solides ces alliances. Personne également ne sait combien d'esprit démonique qu'elle a pu accepter la posséder. Aujourd'hui, elle continue à tuer les âmes de Dieu. Une seule chose que sait est qu'un jour, si elle ne fait pas la repentance sincère, elle va finir par payer de sa propre vie. Car, lorsque Satan donne, il finit toujours par récupérer sa paye en retour, et par du sang.

Lorsque le Seigneur Jésus dit qu'il est mieux de chercher d'abord le royaume des cieux avant toute chose, et le reste nous sera donné ; il le dit parce que, étant déjà affermi par la parole qui découle de l'Eternel Dieu, rien ne pourra plus déplacer ses disciples du rocher qu'est Jésus. Les gens pensent que ce sont des paroles vaines. C'est la richesse que donne l'Eternel Dieu qui enrichie et elle ne souffre d'aucun mal ni contrainte.

Un homme d'affaires très entreprenant et riche qui était écouté de par le monde dans ses entreprises a entrepris d'élargir ses frontières en investissant dans la discographie (ouverture d'une discothèque). Il parvint à atteindre son objectif et reparti pour le second business. A son retour, on lui annonce que sa boutique a été cambriolé. Se rendant à l'évidence, il trouve exactement ce qu'on lui annoncé. Il décida d'entreprendre de retrouver l'argent nécessaire pour reconstituer ses entreprises. Comme mon papa, il contacta de grands praticiens. Il commença par visiter les cimetières physiquement pour retrouver sa puissance financière.

Suivons sa confession

Il obtint un crédit bancaire avec lequel il se lance dans les affaires en ouvrant une discothèque. Après avoir fourni sa discothèque de disques vinyles à un montant raisonnable, il fut appelé par ses client qui avaient besoin des pièces de voiture. Il prit ses voitures et se rendit au lieu où il devait se procurer ces pièces.

De retour à Yaoundé, on lui annonce que sa boutique a été cambriolée. Ayant médité sur la situation, il contacta immédiatement son amie en Europe. Il lui expliqua son problème, celle-ci lui demanda de rentrer au pays où il entrera en contact selon les directives de son amie avec un monsieur très puissant pour les affaires d'argent. Arrivé au pays, il entra effectivement en contact avec le soi-disant puissant monsieur. Le soi-disant puissant monsieur, comme il l'appelait lui demanda de le suivre après lui avoir demandé de déposer au préalable une somme considérable d'argent. Il lui donna un rendez-vous dans le cimetière le plus réputé pour les incantations et les pratiques occultes dans la capitale. Le rendez-vous est pris pour l'heure à laquelle les occultistes opèrent le mieux : entre vingt-trois heures et minuit. Arrivée au cimetière, le soi-disant puissant monsieur allume la bougie. Il monta sur une première tombe, la tombe ne répondit pas. La bougie s'est éteinte, preuve que la tombe n'était pas la bonne. A la seconde tombe, la bougie s'est toujours éteinte une seconde fois. Preuve que la tombe n'était toujours pas la bonne. A la troisième tombe, il installa la bougie et elle continua à bruler, preuve que cette tombe était la bonne. Le soi-disant puissant monsieur se mit à prier. Le monsieur déclare qu'il fut surpris par un grand bruit qui lui fit sursauter. Au bruit, la tombe s'est ouverte et un grand tunnel s'est dressé devant eux. Puis un tapis de couleur rouge fut déroulé devant eux et ils entrèrent dans la tombe. Ils se mirent à avancer. Les voix des hommes qu'ils ont commencé à entendre et la lumière qu'ils voyaient marquaient la sortie du tunnel. Aussitôt comme d'habitude, les recommandations de la non communication et de la non nutrition furent données. Les habitants du monde des cimetières commencèrent à leur présenter la nourriture, des boissons. Les gens vivaient là-bas comme dans un marché où l'on présente la nourriture à acheter. Tout ceci se passe dans le cimetière. "C'est un monde où tout est également organisé comme dans notre monde des vivants corporels ; à la seule différence que c'est un monde des esprits où je crois que tout ce monde a pris corps pour tromper notre vigilance pour nous donner l'impression qu'ils sont aussi des humains". Satan a la capacité de donner des corps à ses agents comme le fait Dieu ; à la seule différence qu'il le fait pour attirer les âmes faibles dans son filet. Ces soi-disant corps ne sont que des masques qui peuvent tomber à tout moment. Arrivé devant une maison dont notre ami et guide connaissaient très bien. Devant la maison, il y avait un rideau qui couvrait l'entrée. Devant le rideau, notre agent (le soi-disant puissant monsieur) occulte qui nous conduisait dit au rideau : j'ai rendez-vous avec le prince de l'enfer, alors ouvre-toi. Le rideau s'exécuta et nous entrâmes. A l'intérieur, nous avons trouvé un monsieur, propriétaire d'une belle voiture. La voiture avait une configuration de chaise de trois places. Nous nous sommes assis dans ladite voiture. Lorsqu'elle démarre, le chauffeur nous conduisit à près de cinq cent mètres et nous avons commencé une ascension en tournant tout autour de la maison. A notre arrêt, nous avons rencontré deux jeunes filles qui nous posaient des questions sur la cause de notre retard. Elles continuèrent en nous disant que le prince vient d'arriver et a demandé si nous étions déjà là ? nous sommes descendus et une grande maison de forme ronde est descendu du ciel et elle s'est arrêtée juste au niveau de la porte. Alors vint également du ciel un escalier que nous avons emprunté pour aller vers les appartements du prince. Nous sommes entrés et le prince nous a salué. C'était un monsieur beau de peau et de face ; bien à voir. Il appela une fille qui avait pour mission de nous conduire à l'usine où la monnaie était battue. Il a demandé à la fille de ne pas nous conduire où l'on bat les pièces de monnaie, mais où l'on bat la monnaie en billets. Après une distance considérable, nous avons commencé à voir les différentes zones où les différentes coupures sont battues : les coupures de 500 FCFA, les coupures de 1000 FCFA, les coupures de 5 000 FCFA et suivant. Les employés dans cette usine travaillaient avec un sérieux imperturbable. Malgré notre passage, personne n'osait se déconcentrer en nous regardant. Nous avons continué jusqu'à l'endroit où l'on charge l'argent dans les sacs ; et c'est à ce lieu que prit fin notre visite de l'usine ; puis nous sommes retournés dans les appartements du prince. Le prince prenant la parole, demanda à son représentant de me poser la question de savoir le montant dont j'avais besoin. Sans dire le montant que j'avais besoin, j'ai plutôt demandé de connaître les modalités de remboursement. En répondant ainsi, le prince s'est mis en colère en disant qu'ils l'ont déjà fait perdre trente minutes ; et comme pénalités à payer pour ce perd-temps, nous devrions payer une amende trois cent mille francs CFA, autrement nous ne nous en irons pas. Le soi-disant puissant monsieur sortit de sa poche le dit montant et le remis au prince. Très déçu et fâché, le prince réprimanda son représentant en lui disant que la prochaine fois, il sera sanctionné. En fait, le prince croit que son représentant n'a pas su bien faire son travail ; parce qu'il n'a pas pu convaincre le monsieur d'accepter de faire la demande d'argent. Dans le monde occulte, les échecs ne sont pas autorisés ; car Satan sait qu'il n'a pas assez de temps. Ses agents et lui doivent tout mettre en œuvre pour convaincre, séduire, attirer et convertir beaucoup d'âmes à sa cause. Au moment de rentrer, l'agent satanique, le soi-disant puissant monsieur qui mène le jeu entre le monsieur et le monde des ténèbres leur donne encore des recommandations : "*le monsieur qui va nous conduire pendant le retour, il ne faut pas lui répondre ; quel que soit la parole qu'il nous adressera*". Comme il fallait s'y attendre, car Satan ne veut laisser aucune occasion passer pour s'emparer d'une âme. A peine deux mètres de parcours, le monsieur au volant commença : "*il est là depuis douze ans et ne sais pas là où il se trouve. Vous êtes de quelle nationalité ? Camerounais, vous êtes de race noire, finalement d'où venez-vous ?*" nous sommes resté bouches fermées déclara le monsieur homme d'affaire. Au moment de les déposer, il les insulta. A leur marche de retour, ils ont retrouvé les mêmes personnages qui vendaient de la nourriture et d'autres articles puis ils ont évolué jusqu'à retrouver leurs chaussures à l'entrée de la tombe.

Le lendemain, toujours dans la quête d'argent, il s'est rendu dans un autre coin de la ville de Yaoundé réputé par ses restaurants. En mangeant, il s'est mis à relater sa mésaventure à un de ses amis ; subitement un autre monsieur (agent de Satan mis à ses trousses) était à l'affût et suivait la conversation vint lui promettre de lui présenter au directeur de la banque mondiale. Comme recommandation, il lui ordonna de se faire confectionner un ensemble avec du tissu de couleur blanche. Ce qu'il fit. Ils prirent rendez-vous dans une boîte de nuit pour vingt-trois heures. Arrivé dans les lieus à vingt-trois heures moins dix, apparurent également deux jeunes filles. L'agent occulte déclara que : "*voilà les deux enfants que nous attendons*". A leur sortie, ils les ont suivis pour se rendre vers l'unique lac de la ville. Ils sont arrivés à minuit pile, puis ils sont descendus des voitures. Ils se sont avancés vers le lac, puis ils se sont arrêtés à la limite de l'eau. L'agent occulte sortit de sa poche un petit livre et se mit à faire des invocations. Subitement, le lac s'est vidé et une grande maison qui allait à perte vue apparu. Du coup, les jeunes filles se sont mises à dire à haute voix : "*papa est déjà là, papa est déjà là, papa est déjà là*". En entrant dans la maison, ils ont emprunté l'ascenseur. L'agent occulte pressa sur le bouton au chiffre dix-sept ; puis ils s'y sont rendus. Au dix-septième niveau, ils sortirent de l'ascenseur et entrèrent dans une grande salle : les appartements du directeur de la banque mondiale (banque mondiale occulte). Le monsieur était horrible. Une seule de ses joues pouvait peser près de cinquante kilogrammes, à l'estimatif du monsieur à la quette de l'argent. Un seul doigt pouvait avoir le poids d'un avion. Le directeur de la banque mondiale était un monsieur à l'aspect non blaguant. Il ne riait pas. Il claqua du doigt et six gendarmes apparurent. Ouvrant le rideau derrière eux, ils virent une grosse clé d'environ une douzaine de mètres. Les six gendarmes ensemble portaient ladite clé. Celui qui était devant visa le trou de la serrure du coffre. Lorsqu'ils ont ouvert le coffre-fort, six courts gens sont sortis du coffre-fort. Ces courts gens avaient des lèvres pendantes jusqu'au trône du directeur de la banque mondiale. Ils transportaient chacun un sac d'argent ; les déposant devant eux, ils les ont ouverts.

Les coupures de monnaie dans ces sacs, étaient des billets de coupure de cinq mille francs CFA et de dix mille francs CFA d'un montant de six milliards de francs CFA. Le directeur de la banque mondiale dit au monsieur : "*ce sont ces gens qui vont veiller sur l'argent ; dès qu'il termine d'utiliser un sac, ils reviennent le remplacer par un autre*". Avant d'accepter l'argent, il a toujours demandé les formalités de remboursement. Par surprise, le directeur de la banque mondiale avait déjà la liste des noms des membres de sa famille. Le nom du monsieur en tête suivi de celui de sa femme, puis les noms de ses sept enfants. Le directeur de la banque lui répondit que chez eux, ils ne remboursent pas l'argent par l'argent. Ils vont faire leur choix : "*un sac correspond à deux enfants ou sa femme. A défaut, tu prends l'argent et tu ne construis pas de maison ni acheter une voiture. Ou alors nous te faisons une blessure à la tête remplie d'asticots, et les soins à appliquer à cette blessure est de la laver trois fois par jour pour qu'elle puisse toujours dégager une odeur nauséabonde au milieu des gens ; ou mieux une blessure à la jambe ; mais elle ne se cicatrisera pas*".
Le monsieur lui répondit :"*papa, quand j'ai l'argent, je suis beau. Je ne peux prendre l'argent et demeurer salle ; de plus, lorsque je fais un emprunt à la banque, il y a des modalités de remboursement. Le remboursement par des vies humaines, jamais*".
Très fâché, le directeur de la banque mondiale fit appel à plus de cinquante gendarmes pour l'arrêter.
Quand ce monsieur passe ces moments, déclare-t-il, il ne connaissait pas qui est Dieu. Son grand-père avait participé à la première guerre et à la deuxième guerre mondiale. De son retour, il ramena une écorce qui avait pour rôle de lui donner la force de toucher chaque individu qu'il frappe ; jusqu'aux esprits. Il hérita de cette écorce et se mit à frapper ces gendarmes. A chaque coup, il touchait sa cible. Finalement, le directeur de la banque mondiale prit la fuite. Etant resté, ils ont aussi pris la fuite et se sont retrouvé à l'endroit où ils sont entrés dans le lac. N'ayant pas pris l'argent il a cru être sauvé.

Toujours dans la quête de l'argent, le monsieur, par le conseil de son beau-père de son vivant, se rendit à la tombe de ce dernier. Celui-ci lui a dit que s'il avait besoin de quelque chose, il peut venir faire des invocations sur sa tombe et il sera satisfait. Etant toujours dans le besoin d'argent, il entreprit alors d'aller faire des invocations sur la tombe de son beau-père. Sa femme alla chercher celui qui était capable d'être l'entremetteur entre lui et son beau-père. Ils allèrent à la tombe de son beau-père, puis ils commencèrent les invocations. A la suite de ces invocations, quelqu'un sorti de la tombe puis il lui demanda l'argent, une somme considérable de cent vingt-sept mille francs CFA. Ils ont cherché ladite somme et l'ont donné à la personne. Au deuxième jour, le monsieur revint de la tombe avec d'autres personnes et un produit. Ils lui ont demandé une valise en tôles nommée vulgairement cantine. Il s'exécuta de l'acheter. Dans ladite valise en tôle, ils ont mis neuf gouttes du produit qu'ils avaient apportés de la tombe du beau-père de l'homme d'affaires. L'agent occulte qui fut l'entremetteur alla garder la valise en tôles dans sa chambre pendant neuf jours. Au neuvième jour, il fit appel au monsieur et sa femme. Il ouvrit la valise en tôles et il lui dit : "*voici ce qui est dans la valise en tôle que tu as achetée*". Il ouvrit la valise en tôles, elle était pleine d'argent. Pour qu'il entre en possession de cet argent, il fallait qu'il accepte de livrer son septième enfant. Il a encore refusé. Sa femme lui déclara que s'il refuse la valise d'argent, le mariage entre lui et elle prend fin. Il accepta que le mariage prenne fin. C'est à partir de cette déclaration que l'une des personnes lui montra la torche aux yeux à quatre reprises. Et ce monsieur lui déclara qu'il sera handicapé. N'étant pas tombé d'accord, il prit la valise et alla la jeter hors de la maison. Par surprise, les billets d'argent qui étaient dans la valise en tôles en s'éparpillant se transformaient en oiseaux et s'enfuyaient en s'envolant. Trois mois plus tard, sa femme le quitta et revint après six mois. Actuellement, le monsieur subit déjà la délivrance. Cependant, il y a plusieurs constats à faire et plusieurs leçons à tirer.

Les leçons et constats

1- La connaissance du monde des affaires

Le monde des affaires est un domaine qu'il faut bien connaître. Ce n'est pas parce qu'on a assez d'argent qu'on doit forcément dire qu'on va réussir ou qu'on est déjà dans la réussite. Les travailleurs salariés ne peuvent rien comprendre du monde des affaire où l'individu se présente en tant que sa propre assurance pour la protection de ses activités. Lorsque j'étais à l'Institut, la directrice qui connaissait ce qu'il y a dans le monde des affaires posa une question : "*est-ce que parmi vous qui voulez-vous lancer dans les entreprises privées, pouvez-vous les entreprendre sans corruption ?*" plusieurs de mes camarades se sont précipités à répondre par l'affirmatif. C'est lorsque je me lance dans la promotion des entreprises privées personnelles que j'ai pu mesurer la portée de la question de la directrice. Il faut être fort de conscience et de caractère. Lorsque les épreuves surviennent, c'est à ce moment que se mesure le degré d'attachement en la personne de Jésus. J'ai passé dix mois de sécheresse dans mes entreprises. Il y a eu des moments où je me posais des questions sur : comment m'y prendre ou comment fallait-il faire pour m'en sortir ? J'avais des dettes bancaires, des dettes de matériel, des dettes dans le loyer, des dettes envers mes collègues de travail. J'ai même utilisé mes enfants pour contracter des dettes. Finalement, dans toutes ces épreuves, je ne faisais que bénir l'Eternel Dieu qui a permis que cela m'arrive. J'ai eu tout genre de proposition de déviation ; dans toutes ces choses, j'ai tenu fort. Par fois c'est moi qui disais aux enfants de lire ce qu'a vécu Job ; à la seule différence que Dieu vous préserve le souffle de vie, vous qui êtes mes enfants.

2- **La mauvaise préparation**

Elle est due aux faits que les gens se lancent souvent dans les affaires sans une préparation mature. Le fait de voir son semblable faire dans une activité avec aisance ne signifie pas que l'on peut aussi le faire avec la même facilité.

3- La fondation des entreprises

Elle influence beaucoup la suite de la marche des entreprises. En écoutant le témoignage du monsieur, pour celui qui s'y connait, il n'a pas dénoncé les vois empruntées pour commencer ses affaires. A la suite, l'écorce qu'il disait avoir hérité de son grand-père dit beaucoup dans sa duplicité avec le monde occulte. Les agents occultes qui le suivaient partout où il allait sont des gens qui le connaissent bien dans ses entreprises et dans sa vie. On ne peut manger sur deux tables, ni servir deux maîtres. Le suivi que faisait les agents de Satan dans sa vie montre qu'il n'a pas été réglementaire vis-à-vis de ses engagements avec le monde occulte ; de plus, il détenait des choses qui appartenaient à Satan et ce sont ces choses que Satan voulait récupérer et lui régler son compte en tant qu'infidèle. Il dit qu'il a pris un crédit bancaire. Dans son témoignage, il n'est dit nulle part que la banque lui réclamait de l'argent. Pourquoi ne pas repartir vers la banque et redemander un autre crédit bancaire ? le fait de ne pas repartir vers la banque prouve qu'il n'a pas tenu à ses engagements au moment où il s'est engagé à demander le crédit bancaire. La banque lui a prêté l'argent sous quelle influence ? La discothèque qui a été cambriolée en dit plus. Ce ne sont que ses amis du couloir spirituel qui sont venu cambrioler dans la discothèque en guise de sanction.

Moi-même j'ai été témoin d'une affaire de non-respect des engagements d'un collègue vis-à-vis de ses partenaires occultes. Le monsieur était membre d'une société secrète. En postulant pour un poste d'administrateur, il a contacté les membres de sa confrérie. Ceux-ci sont venus influencer les résultats en sa faveur en le faisant recruter. Six mois après, le monsieur n'avait toujours pas honoré à son engagement. Il préféra acheter sa voiture en Europe sur commande. L'affaire étant su, ceux-ci commencèrent à lui faire la pression sur ses engagements. Finalement, étant incapable de tenir ses engagements, le délai s'est écoulé. Conduit de force par les esprits à l'endroit de son exécution, la besogne terminée, on est venu jeter le cadavre dans la cour de sa maison.

Lorsque je suis tombé dans la période que j'ai moi-même baptisé " *la période de sanctification*", période au cours de laquelle mes entreprises ont connu une baisse drastique des revenus, malgré les dettes que j'ai contracté de part et d'autre, je me suis seulement mis en prière jusqu'à ce que le Saint Esprit me guidât dans une assemblée locale située à quelques mètres de là où j'habite. Lorsque la connexion est bonne entre le Seigneur Jésus et quelqu'un, Dieu trouve toujours une issue de sortie. C'est étant dans cette église locale que beaucoup de choses ont recommencé à changer ; et que j'ai également retrouver une confiance grandissante pour la reprise de mes activés dans mon entreprise.

Comme conseil pour ceux qui veulent s'engager dans l'entreprenariat personnel et privé, je leur suggère de lire attentivement le livre d'Exode chapitre 5 au chapitre 14. Bien le comprendre, si oui demander l'assistance des anciens de l'église pour le faire. Vraiment, il faut prendre du temps.

Exode 5-14 **: les difficultés que l'on s'attend à vivre dans le monde des affaires (*prenez le temps de lire et comprendre puis assimiler ces chapitres et versets*)**

5.1 *Moïse et Aaron se rendirent ensuite auprès de Pharaon, et lui dirent : Ainsi parle l'Eternel, le Dieu d'Israël: Laisse aller mon peuple, pour qu'il célèbre au désert une fête en mon honneur.*

5.2 *Pharaon répondit: Qui est l'Eternel, pour que j'obéisse à sa voix, en laissant aller Israël? Je ne connais point l'Eternel, et je ne laisserai point aller Israël.*

5.3 *Ils dirent: Le Dieu des Hébreux nous est apparu. Permets-nous de faire trois journées de marche dans le désert, pour offrir des sacrifices à l'Eternel, afin qu'il ne nous frappe pas de la peste ou de l'épée.*

5.4 *Et le roi d'Égypte leur dit: Moïse et Aaron, pourquoi détournez-vous le peuple de son ouvrage? Allez à vos travaux.*

5.5 *Pharaon dit: Voici, ce peuple est maintenant nombreux dans le pays, et vous lui feriez interrompre ses travaux!*

5.6 *Et ce jour même, Pharaon donna cet ordre aux inspecteurs du peuple et aux commissaires:*

5.7 *Vous ne donnerez plus comme auparavant de la paille au peuple pour faire* *des briques; qu'ils aillent eux-mêmes ramasser de la paille.*

5.8 *Vous leur imposerez néanmoins la quantité de briques qu'ils faisaient auparavant, vous n'en retrancherez rien; car ce sont des paresseux; voilà pourquoi ils crient, en disant: Allons offrir des sacrifices à notre Dieu!*

5.9 *Que l'on charge de travail ces gens, qu'ils s'en occupent, et ils ne prendront plus garde à des paroles de mensonge.*

5.10 *Les inspecteurs du peuple et les commissaires vinrent dire au peuple: Ainsi parle Pharaon: Je ne vous donne plus de paille;*

5.11 *allez vous-mêmes vous procurer de la paille où vous en trouverez, car l'on ne retranche rien de votre travail.*

5.12 *Le peuple se répandit dans tout le pays d'Égypte, pour ramasser du chaume au lieu de paille.*

5.13 *Les inspecteurs les pressaient, en disant: Achevez votre tâche, jour par jour, comme quand il y avait de la paille.*

5.14 *On battit même les commissaires des enfants d'Israël, établis sur eux par les inspecteurs de Pharaon: Pourquoi, disait-on, n'avez-vous pas achevé hier et aujourd'hui, comme auparavant, la quantité de briques qui vous avait été fixée?*

5.15 *Les commissaires des enfants d'Israël allèrent se plaindre à Pharaon, et lui dirent: Pourquoi traites-tu ainsi tes serviteurs?*

5.16 *On ne donne point de paille à tes serviteurs, et l'on nous dit: Faites des briques! Et voici, tes serviteurs sont battus, comme si ton peuple était coupable.*

5.17 *Pharaon répondit: Vous êtes des paresseux, des paresseux! Voilà pourquoi vous dites: Allons offrir des sacrifices à l'Eternel!*

5.18 *Maintenant, allez travailler; on ne vous donnera point de paille, et vous livrerez la même quantité de briques.*

5.19 *Les commissaires des enfants d'Israël virent qu'on les rendait malheureux, en disant: Vous ne retrancherez rien de vos briques; chaque jour la tâche du jour.*

5.20 *En sortant de chez Pharaon, ils rencontrèrent Moïse et Aaron qui les attendaient.*

5.21 *Ils leur dirent: Que l'Eternel vous regarde, et qu'il juge! Vous nous avez rendus odieux à Pharaon et à ses serviteurs, vous avez mis une épée dans leurs mains pour nous faire périr.*

5.22 *Moïse retourna vers l'Eternel, et dit: Seigneur, pourquoi as-tu fait du mal à ce peuple? pourquoi m'as-tu envoyé?*

__5.23__ Depuis que je suis allé vers Pharaon pour parler en ton nom, il fait du mal à ce peuple, et tu n'as point délivré ton peuple.

Exode 6

__6.1__ L'Eternel dit à Moïse: Tu verras maintenant ce que je ferai à Pharaon; une main puissante le forcera à les laisser aller, une main puissante le forcera à les chasser de son pays.

__6.2__ Dieu parla encore à Moïse, et lui dit: Je suis l'Eternel.

__6.3__ Je suis apparu à Abraham, à Isaac et à Jacob, comme le Dieu tout puissant; mais je n'ai pas été connu d'eux sous mon nom, l'Eternel.

__6.4__ J'ai aussi établi mon alliance avec eux, pour leur donner le pays de Canaan, le pays de leurs pèlerinages, dans lequel ils ont séjourné.

__6.5__ J'ai entendu les gémissements des enfants d'Israël, que les Égyptiens tiennent dans la servitude, et je me suis souvenu de mon alliance.

__6.6__ C'est pourquoi dis aux enfants d'Israël: Je suis l'Eternel, je vous affranchirai des travaux dont vous chargent les Égyptiens, je vous délivrerai de leur servitude, et je vous sauverai à bras étendu et par de grands jugements.

__6.7__ Je vous prendrai pour mon peuple, je serai votre Dieu, et vous saurez que c'est moi, l'Eternel, votre Dieu, qui vous affranchis des travaux dont vous chargent les Égyptiens.

__6.8__ et vous ferai entrer dans le pays que j'ai juré de donner à Abraham, à Isaac et à Jacob; je vous le donnerai en possession, moi l'Eternel.

__6.9__ Ainsi parla Moïse aux enfants d'Israël. Mais l'angoisse et la dure servitude les empêchèrent d'écouter Moïse.

__6.10__ L'Eternel parla à Moïse, et dit:

__6.11__ Va, parle à Pharaon, roi d'Égypte, pour qu'il laisse aller les enfants d'Israël hors de son pays.

__6.12__ Moïse répondit en présence de l'Eternel: Voici, les enfants d'Israël ne m'ont point écouté; comment Pharaon m'écouterait-il, moi qui n'ai pas la parole facile?

__6.13__ L'Eternel parla à Moïse et à Aaron, et leur donna des ordres au sujet des enfants d'Israël et au sujet de Pharaon, roi d'Égypte, pour faire sortir du pays d'Égypte les enfants d'Israël...

__6.28__ Lorsque l'Eternel parla à Moïse dans le pays d'Égypte,

__6.29__ l'Eternel dit à Moïse: Je suis l'Eternel. Dis à Pharaon, roi d'Égypte, tout ce *que je te dis.*

6.30 *Et Moïse répondit en présence de l'Eternel: Voici, je n'ai pas la parole facile; comment Pharaon m'écouterait-il?*

Exode 7

7.1 L'Eternel dit à Moïse : Vois, je te fais Dieu pour Pharaon : et Aaron, ton frère, sera ton prophète...

7.3 Et moi, j'endurcirai le cœur de Pharaon, et je multiplierai mes signes et mes miracles dans le pays d'Égypte...

7.5 Les Égyptiens connaîtront que je suis l'Eternel, lorsque j'étendrai ma main sur l'Égypte, et que je ferai sortir du milieu d'eux les enfants d'Israël.

7.6 *Moïse et Aaron firent ce que l'Eternel leur avait ordonné ; ils firent ainsi.*

7.7 *Moïse était âgé de quatre-vingts ans, et Aaron de quatre-vingt-trois ans, lorsqu'ils parlèrent à Pharaon.*

7.8 *L'Eternel dit à Moïse et à Aaron:*

7.9 *Si Pharaon vous parle, et vous dit: Faites un miracle! tu diras à Aaron: Prends ta verge, et jette-la devant Pharaon. Elle deviendra un serpent.*

7.10 *Moïse et Aaron allèrent auprès de Pharaon, et ils firent ce que l'Eternel avait ordonné. Aaron jeta sa verge devant Pharaon et devant ses serviteurs; et elle devint un serpent.*

7.11 *Mais Pharaon appela des sages et des enchanteurs; et les magiciens d'Égypte, eux aussi, en firent autant par leurs enchantements.*

7.12 *Ils jetèrent tous leurs verges, et elles devinrent des serpents. Et la verge d'Aaron engloutit leurs verges.*

7.13 *Le cœur de Pharaon s'endurcit, et il n'écouta point Moïse et Aaron selon ce que l'Eternel avait dit.*

7.14 *L'Eternel dit à Moïse: Pharaon a le cœur endurci; il refuse de laisser aller le peuple.*

7.15 *Va vers Pharaon dès le matin; il sortira pour aller près de l'eau, et tu te présenteras devant lui au bord du fleuve. Tu prendras à ta main la verge qui a été changée en serpent,*

7.16 *et tu diras à Pharaon: L'Eternel, le Dieu des Hébreux, m'a envoyé auprès de toi, pour te dire: Laisse aller mon peuple, afin qu'il me serve dans le désert. Et voici, jusqu'à présent tu n'as point écouté.*

7.17 *Ainsi parle l'Eternel: A ceci tu connaîtras que je suis l'Eternel. Je vais* *frapper les eaux du fleuve avec la verge qui est dans ma main; et elles seront changées en sang.*

7.18 *Les poissons qui sont dans le fleuve périront, le fleuve se corrompra, et les Égyptiens s'efforceront en vain de boire l'eau du fleuve.*

7.19 *L'Eternel dit à Moïse: Dis à Aaron: Prends ta verge, et étends ta main sur les eaux des Égyptiens, sur leurs rivières, sur leurs ruisseaux, sur leurs étangs, et sur tous leurs amas d'eaux. Elles deviendront du sang: et il y aura du sang dans tout le pays d'Égypte, dans les vases de bois et dans les vases de pierre.*

7.20 *Moïse et Aaron firent ce que l'Eternel avait ordonné. Aaron leva la verge, et il frappa les eaux qui étaient dans le fleuve, sous les yeux de Pharaon et sous les yeux de ses serviteurs; et toutes les eaux du fleuve furent changées en sang.*

7.21 *Les poissons qui étaient dans le fleuve périrent, le fleuve se corrompit, les Égyptiens ne pouvaient plus boire l'eau du fleuve, et il y eut du sang dans tout le pays d'Égypte.*

7.22 *Mais les magiciens d'Égypte en firent autant par leurs enchantements. Le cœur de Pharaon s'endurcit, et il n'écouta point Moïse et Aaron, selon ce que l'Eternel avait dit.*

7.23 *Pharaon s'en retourna, et alla dans sa maison; et il ne prit pas même à cœur ces choses.*

7.24 *Tous les Égyptiens creusèrent aux environs du fleuve, pour trouver de l'eau à boire; car ils ne pouvaient boire de l'eau du fleuve.*

7.25 *Il s'écoula sept jours, après que l'Eternel eut frappé le fleuve.*

Exode 8

8.1 *(7:26) L'Eternel dit à Moïse: Va vers Pharaon, et tu lui diras: Ainsi parle l'Eternel: Laisse aller mon peuple, afin qu'il me serve.*

8.2 *(7:27) Si tu refuses de le laisser aller, je vais frapper par des grenouilles toute l'étendue de ton pays.*

8.3 *(7:28) Le fleuve fourmillera de grenouilles; elles monteront, et elles entreront dans ta maison, dans ta chambre à coucher et dans ton lit, dans la maison de tes serviteurs et dans celles de ton peuple, dans tes fours et dans tes pétrins.*

8.4 *(7:29) Les grenouilles monteront sur toi, sur ton peuple, et sur tous tes serviteurs.*

8.5 *(8:1) L'Eternel dit à Moïse: Dis à Aaron: Étends ta main avec ta verge sur* *les rivières, sur les ruisseaux et sur les étangs, et fais monter les grenouilles sur le pays d'Égypte.*

8.6 *(8:2) Aaron étendit sa main sur les eaux de l'Égypte; et les grenouilles montèrent et couvrirent le pays d'Égypte.*

8.7 (8:3) Mais les magiciens en firent autant par leurs enchantements. Ils firent monter les grenouilles sur le pays d'Égypte.

8.8 (8:4) Pharaon appela Moïse et Aaron, et dit: Priez l'Eternel, afin qu'il éloigne les grenouilles de moi et de mon peuple; et je laisserai aller le peuple, pour qu'il offre des sacrifices à l'Eternel.

8.9 (8:5) Moïse dit à Pharaon: Glorifie-toi sur moi! Pour quand prierai-je l'Eternel en ta faveur, en faveur de tes serviteurs et de ton peuple, afin qu'il retire les grenouilles loin de toi et de tes maisons? Il n'en restera que dans le fleuve.

8.10 (8:6) Il répondit: Pour demain. Et Moïse dit: Il en sera ainsi, afin que tu saches que nul n'est semblable à l'Eternel, notre Dieu.

8.11 (8:7) Les grenouilles s'éloigneront de toi et de tes maisons, de tes serviteurs et de ton peuple; il n'en restera que dans le fleuve.

8.12 (8:8) Moïse et Aaron sortirent de chez Pharaon. Et Moïse cria à l'Eternel au sujet des grenouilles dont il avait frappé Pharaon.

8.13 (8:9) L'Eternel fit ce que demandait Moïse; et les grenouilles périrent dans les maisons, dans les cours et dans les champs.

8.14 (8:10) On les entassa par monceaux, et le pays fut infecté.

8.15 (8:11) Pharaon, voyant qu'il y avait du relâche, endurcit son cœur, et il n'écouta point Moïse et Aaron, selon ce que l'Eternel avait dit.

8.16 (8-:12) L'Eternel dit à Moïse: Dis à Aaron: Étends ta verge, et frappe la poussière de la terre. Elle se changera en poux, dans tout le pays d'Égypte.

8.17 (8:13) Ils firent ainsi. Aaron étendit sa main, avec sa verge, et il frappa la poussière de la terre; et elle fut changée en poux sur les hommes et sur les animaux. Toute la poussière de la terre fut changée en poux, dans tout le pays d'Égypte.

8.18 (8:14) Les magiciens employèrent leurs enchantements pour produire les poux; mais ils ne purent pas. Les poux étaient sur les hommes et sur les animaux.

8.19 (8:15) Et les magiciens dirent à Pharaon: C'est le doigt de Dieu! Le cœur de Pharaon s'endurcit, et il n'écouta point Moïse et Aaron, selon ce que l'Eternel avait dit.

8.20 (8:16) L'Eternel dit à Moïse: Lève-toi de bon matin, et présente-toi devant

Pharaon; il sortira pour aller près de l'eau. Tu lui diras: Ainsi parle l'Eternel: Laisse aller mon peuple, afin qu'il me serve.

8.21 (8:17) Si tu ne laisses pas aller mon peuple, je vais envoyer les mouches venimeuses contre toi, contre tes serviteurs, contre ton peuple et contre tes maisons; les maisons des Égyptiens seront remplies de mouches, et le sol en sera couvert.

8.22 (8:18) Mais, en ce jour-là, je distinguerai le pays de Gosen où habite mon peuple, et là il n'y aura point de mouches, afin que tu saches que moi, l'Eternel, je suis au milieu de ce pays.

8.23 (8:19) J'établirai une distinction entre mon peuple et ton peuple. Ce signe sera pour demain.

8.24 (8:20) L'Eternel fit ainsi. Il vint une quantité de mouches venimeuses dans la maison de Pharaon et de ses serviteurs, et tout le pays d'Égypte fut dévasté par les mouches.

8.25 (8:21) Pharaon appela Moïse et Aaron et dit: Allez, offrez des sacrifices à votre Dieu dans le pays.

8.26 (8:22) Moïse répondit: Il n'est point convenable de faire ainsi; car nous offririons à l'Eternel, notre Dieu, des sacrifices qui sont en abomination aux Égyptiens. Et si nous offrons, sous leurs yeux, des sacrifices qui sont en abomination aux Égyptiens, ne nous lapideront-ils pas?

8.27 (8:23) Nous ferons trois journées de marche dans le désert, et nous offrirons des sacrifices à l'Eternel, notre Dieu, selon ce qu'il nous dira.

8.28 (8:24) Pharaon dit: Je vous laisserai aller, pour offrir à l'Eternel, votre Dieu, des sacrifices dans le désert: seulement, vous ne vous éloignerez pas, en y allant. Priez pour moi.

8.29 (8:25) Moïse répondit: Je vais sortir de chez toi, et je prierai l'Eternel. Demain, les mouches s'éloigneront de Pharaon, de ses serviteurs et de son peuple. Mais, que Pharaon ne trompe plus, en refusant de laisser aller le peuple, pour offrir des sacrifices à l'Eternel.

8.30 (8:26) Moïse sortit de chez Pharaon, et il pria l'Eternel.

***8.31** (8:27) L'Eternel fit ce que demandait Moïse; et les mouches s'éloignèrent de Pharaon, de ses serviteurs et de son peuple. Il n'en resta pas une.*

***8.32** (8:28) Mais Pharaon, cette fois encore, endurcit son cœur, et il ne laissa point aller le peuple.*

Exode 9

***9.1** L'Eternel dit à Moïse: Va vers Pharaon, et tu lui diras: Ainsi parle l'Eternel,*

le Dieu des Hébreux: Laisse aller mon peuple, afin qu'il me serve.
9.2 *Si tu refuses de le laisser aller, et si tu le retiens encore,*
9.3 *voici, la main de l'Eternel sera sur tes troupeaux qui sont dans les champs, sur les chevaux, sur les ânes, sur les chameaux, sur les bœufs et sur les brebis; il y aura une mortalité très grande.*
9.4 *L'Eternel distinguera entre les troupeaux d'Israël et les troupeaux des Égyptiens, et il ne périra rien de tout ce qui est aux enfants d'Israël.*
9.5 *L'Eternel fixa le temps, et dit: Demain, l'Eternel fera cela dans le pays.*
9.6 *Et l'Eternel fit ainsi, dès le lendemain. Tous les troupeaux des Égyptiens périrent, et il ne périt pas une bête des troupeaux des enfants d'Israël.*
9.7 *Pharaon s'informa de ce qui était arrivé; et voici, pas une bête des troupeaux d'Israël n'avait péri. Mais le cœur de Pharaon s'endurcit, et il ne laissa point aller le peuple.*
9.8 *L'Eternel dit à Moïse et à Aaron: Remplissez vos mains de cendre de fournaise, et que Moïse la jette vers le ciel, sous les yeux de Pharaon.*
9.9 *Elle deviendra une poussière qui couvrira tout le pays d'Égypte; et elle produira, dans tout le pays d'Égypte, sur les hommes et sur les animaux, des ulcères formés par une éruption de pustules.*
9.10 *Ils prirent de la cendre de fournaise, et se présentèrent devant Pharaon; Moïse la jeta vers le ciel, et elle produisit sur les hommes et sur les animaux des ulcères formés par une éruption de pustules.*
9.11 *Les magiciens ne purent paraître devant Moïse, à cause des ulcères; car les ulcères étaient sur les magiciens, comme sur tous les Égyptiens.*
9.12 *L'Eternel endurcit le cœur de Pharaon, et Pharaon n'écouta point Moïse et Aaron, selon ce que l'Eternel avait dit à Moïse.*
9.13 *L'Eternel dit à Moïse: Lève-toi de bon matin, et présente-toi devant Pharaon. Tu lui diras: Ainsi parle l'Eternel, le Dieu des Hébreux: Laisse aller mon peuple, afin qu'il me serve.*
9.14 *Car, cette fois, je vais envoyer toutes mes plaies contre ton cœur, contre tes serviteurs et contre ton peuple, afin que tu saches que nul n'est semblable à moi sur toute la terre.*
9.15 *Si j'avais étendu ma main, et que je t'eusse frappé par la mortalité, toi et ton peuple, tu aurais disparu de la terre.*
9.16 *Mais, je t'ai laissé subsister, afin que tu voies ma puissance, et que l'on publie mon nom par toute la terre.*
9.17 *Si tu t'élèves encore contre mon peuple, et si tu ne le laisses point aller,*
9.18 *voici, je ferai pleuvoir demain, à cette heure, une grêle tellement forte, qu'il*

n'y en a point eu de semblable en Égypte depuis le jour où elle a été fondée jusqu'à présent.
9.19 *Fais donc mettre en sûreté tes troupeaux et tout ce qui est à toi dans les champs. La grêle tombera sur tous les hommes et sur tous les animaux qui se trouveront dans les champs et qui n'auront pas été recueillis dans les maisons, et ils périront.*
9.20 *Ceux des serviteurs de Pharaon qui craignirent la parole de l'Eternel firent retirer dans les maisons leurs serviteurs et leurs troupeaux.*
9.21 *Mais ceux qui ne prirent point à cœur la parole de l'Eternel laissèrent leurs serviteurs et leurs troupeaux dans les champs.*
9.22 *L'Eternel dit à Moïse: Étends ta main vers le ciel; et qu'il tombe de la grêle dans tout le pays d'Égypte sur les hommes, sur les animaux, et sur toutes les herbes des champs, dans le pays d'Égypte.*
9.23 *Moïse étendit sa verge vers le ciel; et l'Eternel envoya des tonnerres et de la grêle, et le feu se promenait sur la terre. L'Eternel fit pleuvoir de la grêle sur le pays d'Égypte.*
9.24 *Il tomba de la grêle, et le feu se mêlait avec la grêle; elle était tellement forte qu'il n'y en avait point eu de semblable dans tout le pays d'Égypte depuis qu'il existe comme nation.*
9.25 *La grêle frappa, dans tout le pays d'Égypte, tout ce qui était dans les champs, depuis les hommes jusqu'aux animaux; la grêle frappa aussi toutes les herbes des champs, et brisa tous les arbres des champs.*
9.26 *Ce fut seulement dans le pays de Gosen, où étaient les enfants d'Israël, qu'il n'y eut point de grêle.*
9.27 *Pharaon fit appeler Moïse et Aaron, et leur dit: Cette fois, j'ai péché; c'est l'Eternel qui est le juste, et moi et mon peuple nous sommes les coupables.*
9.28 *Priez l'Eternel, pour qu'il n'y ait plus de tonnerres ni de grêle; et je vous laisserai aller, et l'on ne vous retiendra plus.*
9.29 *Moïse lui dit: Quand je sortirai de la ville, je lèverai mes mains vers l'Eternel, les tonnerres cesseront et il n'y aura plus de grêle, afin que tu saches que la terre est à l'Eternel.*
9.30 *Mais je sais que toi et tes serviteurs, vous ne craindrez pas encore l'Eternel Dieu.*
9.31 *Le lin et l'orge avaient été frappés, parce que l'orge était en épis et que c'était la floraison du lin;*
9.32 *le froment et l'épeautre n'avaient point été frappés, parce qu'ils sont tardifs.*
9.33 *Moïse sortit de chez Pharaon, pour aller hors de la ville; il leva ses mains*

vers l'Eternel, les tonnerres et la grêle cessèrent, et la pluie ne tomba plus sur la terre.

9.34 *Pharaon, voyant que la pluie, la grêle et les tonnerres avaient cessé, continua de pécher, et il endurcit son cœur, lui et ses serviteurs.*

9.35 *Le cœur de Pharaon s'endurcit, et il ne laissa point aller les enfants d'Israël, selon ce que l'Eternel avait dit par l'intermédiaire de Moïse.*

Exode 10

10.1 *L'Eternel dit à Moïse: Va vers Pharaon, car j'ai endurci son cœur et le cœur de ses serviteurs, pour faire éclater mes signes au milieu d'eux.*

10.2 *C'est aussi pour que tu racontes à ton fils et au fils de ton fils comment j'ai traité les Égyptiens, et quels signes j'ai fait éclater au milieu d'eux. Et vous saurez que je suis l'Eternel.*

10.3 *Moïse et Aaron allèrent vers Pharaon, et lui dirent: Ainsi parle l'Eternel, le Dieu des Hébreux: Jusqu'à quand refuseras-tu de t'humilier devant moi? Laisse aller mon peuple, afin qu'il me serve.*

10.4 *Si tu refuses de laisser aller mon peuple, voici, je ferai venir demain des sauterelles dans toute l'étendue de ton pays.*

10.5 *Elles couvriront la surface de la terre, et l'on ne pourra plus voir la terre; elles dévoreront le reste de ce qui est échappé, ce que vous a laissé la grêle, elles dévoreront tous les arbres qui croissent dans vos champs;*

10.6 *elles rempliront tes maisons, les maisons de tous tes serviteurs et les maisons de tous les Égyptiens. Tes pères et les pères de tes pères n'auront rien vu de pareil depuis qu'ils existent sur la terre jusqu'à ce jour. Moïse se retira, et sortit de chez Pharaon.*

10.7 *Les serviteurs de Pharaon lui dirent: Jusqu'à quand cet homme sera-t-il pour nous un piège? Laisse aller ces gens, et qu'ils servent l'Eternel, leur Dieu. Ne vois-tu pas encore que l'Égypte périt?*

10.8 *On fit revenir vers Pharaon Moïse et Aaron: Allez, leur dit-il, servez l'Eternel, votre Dieu. Qui sont ceux qui iront?*

10.9 *Moïse répondit: Nous irons avec nos enfants et nos vieillards, avec nos fils et nos filles, avec nos brebis et nos bœufs; car c'est pour nous une fête en l'honneur de l'Eternel.*

10.10 *Pharaon leur dit: Que l'Eternel soit avec vous, tout comme je vais vous laisser aller, vous et vos enfants! Prenez garde, car le malheur est devant vous!*

10.11 *Non, non: allez, vous les hommes, et servez l'Eternel, car c'est là ce que* *vous avez demandé. Et on les chassa de la présence de Pharaon.*

10.12 *L'Eternel dit à Moïse: Étends ta main sur le pays d'Égypte, et que les sauterelles montent sur le pays d'Égypte; qu'elles dévorent toute l'herbe de la terre, tout ce que la grêle a laissé.*

10.13 *Moïse étendit sa verge sur le pays d'Égypte; et l'Eternel fit souffler un vent d'orient sur le pays toute cette journée et toute la nuit. Quand ce fut le matin, le vent d'orient avait apporté les sauterelles.*

10.14 *Les sauterelles montèrent sur le pays d'Égypte, et se posèrent dans toute l'étendue de l'Égypte; elles étaient en si grande quantité qu'il n'y avait jamais eu et qu'il n'y aura jamais rien de semblable.*

10.15 *Elles couvrirent la surface de toute la terre, et la terre fut dans l'obscurité; elles dévorèrent toute l'herbe de la terre et tout le fruit des arbres, tout ce que la grêle avait laissé; et il ne resta aucune verdure aux arbres ni à l'herbe des champs, dans tout le pays d'Égypte.*

10.16 *Aussitôt Pharaon appela Moïse et Aaron, et dit: J'ai péché contre l'Eternel, votre Dieu, et contre vous.*

10.17 *Mais pardonne mon péché pour cette fois seulement; et priez l'Eternel, votre Dieu, afin qu'il éloigne de moi encore cette plaie mortelle.*

10.18 *Moïse sortit de chez Pharaon, et il pria l'Eternel.*

10.19 *L'Eternel fit souffler un vent d'occident très fort, qui emporta les sauterelles, et les précipita dans la mer Rouge; il ne resta pas une seule sauterelle dans toute l'étendue de l'Égypte.*

10.20 *L'Eternel endurcit le cœur de Pharaon, et Pharaon ne laissa point aller les enfants d'Israël.*

10.21 *L'Eternel dit à Moïse: Étends ta main vers le ciel, et qu'il y ait des ténèbres sur le pays d'Égypte, et que l'on puisse les toucher.*

10.22 *Moïse étendit sa main vers le ciel; et il y eut d'épaisses ténèbres dans tout le pays d'Égypte, pendant trois jours.*

10.23 *On ne se voyait pas les uns les autres, et personne ne se leva de sa place pendant trois jours. Mais il y avait de la lumière dans les lieux où habitaient tous les enfants d'Israël.*

10.24 *Pharaon appela Moïse, et dit: Allez, servez l'Eternel. Il n'y aura que vos brebis et vos bœufs qui resteront, et vos enfants pourront aller avec vous.*

10.25 *Moïse répondit: Tu mettras toi-même entre nos mains de quoi faire les sacrifices et les holocaustes que nous offrirons à l'Eternel, notre Dieu.*

10.26 *Nos troupeaux iront avec nous, et il ne restera pas un ongle; car c'est là que nous prendrons pour servir l'Eternel, notre Dieu; et jusqu'à ce que* *nous soyons arrivés, nous ne savons pas ce que nous choisirons pour offrir à l'Eternel.*

10.27 *L'Eternel endurcit le cœur de Pharaon, et Pharaon ne voulut point les laisser aller.*

10.28 *Pharaon dit à Moïse: Sors de chez moi! Garde-toi de paraître encore en ma présence, car le jour où tu paraîtras en ma présence, tu mourras.*

10.29 *Tu l'as dit! répliqua Moïse, je ne paraîtrai plus en ta présence.*

Exode 11

11.1 *L'Eternel dit à Moïse: Je ferai venir encore une plaie sur Pharaon et sur l'Égypte. Après cela, il vous laissera partir d'ici. Lorsqu'il vous laissera tout à fait aller, il vous chassera même d'ici.*

11.2 *Parle au peuple, pour que chacun demande à son voisin et chacune à sa voisine des vases d'argent et des vases d'or.*

11.3 *L'Eternel fit trouver grâce au peuple aux yeux des Égyptiens; Moïse lui-même était très considéré dans le pays d'Égypte, aux yeux des serviteurs de Pharaon et aux yeux du peuple.*

11.4 *Moïse dit: Ainsi parle l'Eternel: Vers le milieu de la nuit, je passerai au travers de l'Égypte;*

11.5 *et tous les premiers-nés mourront dans le pays d'Égypte, depuis le premier-né de Pharaon assis sur son trône, jusqu'au premier-né de la servante qui est derrière la meule, et jusqu'à tous les premiers-nés des animaux.*

11.6 *Il y aura dans tout le pays d'Égypte de grands cris, tels qu'il n'y en a point eu et qu'il n'y en aura plus de semblables.*

11.7 *Mais parmi tous les enfants d'Israël, depuis les hommes jusqu'aux animaux, pas même un chien ne remuera sa langue, afin que vous sachiez quelle différence l'Eternel fait entre l'Égypte et Israël.*

11.8 *Alors tous tes serviteurs que voici descendront vers moi et se prosterneront devant moi, en disant: Sors, toi et tout le peuple qui s'attache à tes pas! Après cela, je sortirai. Moïse sortit de chez Pharaon, dans une ardente colère.*

11.9 *L'Eternel dit à Moïse: Pharaon ne vous écoutera point, afin que mes miracles se multiplient dans le pays d'Égypte.*

11.10 *Moïse et Aaron firent tous ces miracles devant Pharaon, et ne Pharaon ne* ***laissa point aller les enfants d'Israël hors de son pays.***

Exode 12

12.1 L'Eternel *dit à Moïse et à Aaron dans le pays d'Égypte:*

12.2 *Ce mois-ci sera pour vous le premier des mois; il sera pour vous le premier des mois de l'année.*

12.3 *Parlez à toute l'assemblée d'Israël, et dites: Le dixième jour de ce mois, on prendra un agneau pour chaque famille, un agneau pour chaque maison.*

12.4 *Si la maison est trop peu nombreuse pour un agneau, on le prendra avec son plus proche voisin, selon le nombre des personnes; vous compterez pour cet agneau d'après ce que chacun peut manger.*

12.5 *Ce sera un agneau sans défaut, mâle, âgé d'un an; vous pourrez prendre un agneau ou un chevreau.*

12.6 *Vous le garderez jusqu'au quatorzième jour de ce mois; et toute l'assemblée d'Israël l'immolera entre les deux soirs.*

12.7 *On prendra de son sang, et on en mettra sur les deux poteaux et sur le linteau de la porte des maisons où on le mangera.*

12.8 *Cette même nuit, on en mangera la chair, rôtie au feu; on la mangera avec des pains sans levain et des herbes amères.*

12.9 *Vous ne le mangerez point à demi cuit et bouilli dans l'eau; mais il sera rôti au feu, avec la tête, les jambes et l'intérieur.*

12.10 *Vous n'en laisserez rien jusqu'au matin; et, s'il en reste quelque chose le matin, vous le brûlerez au feu.*

12.11 *Quand vous le mangerez, vous aurez vos reins ceints, vos souliers aux pieds, et votre bâton à la main; et vous le mangerez à la hâte. C'est la Pâque de l'Eternel.*

12.12 *Cette nuit-là, je passerai dans le pays d'Égypte, et je frapperai tous les premiers-nés du pays d'Égypte, depuis les hommes jusqu'aux animaux, et j'exercerai des jugements contre tous les dieux de l'Égypte. Je suis l'Eternel.*

12.13 *Le sang vous servira de signe sur les maisons où vous serez; je verrai le sang, et je passerai par-dessus vous, et il n'y aura point de plaie qui vous détruise, quand je frapperai le pays d'Égypte.*

12.14 *Vous conserverez le souvenir de ce jour, et vous le célébrerez par une fête en l'honneur de l'Eternel; vous le célébrerez comme une loi perpétuelle pour vos descendants.*

12.15 *Pendant sept jours, vous mangerez des pains sans levain. Dès le premier jour, il n'y aura plus de levain dans vos maisons; car toute personne qui mangera du pain levé, du premier jour au septième jour, sera retranchée* *d'Israël.*

12.16 *Le premier jour, vous aurez une sainte convocation; et le septième jour, vous aurez une sainte convocation. On ne fera aucun travail ces jours-là; vous pourrez seulement préparer la nourriture de chaque personne.*

12.17 *Vous observerez la fête des pains sans levain, car c'est en ce jour même que j'aurai fait sortir vos armées du pays d'Égypte; vous observerez ce jour comme une loi perpétuelle pour vos descendants.*

12.18 *Le premier mois, le quatorzième jour du mois, au soir, vous mangerez des pains sans levain jusqu'au soir du vingt et unième jour.*

12.19 *Pendant sept jours, il ne se trouvera point de levain dans vos maisons; car toute personne qui mangera du pain levé sera retranchée de l'assemblée d'Israël, que ce soit un étranger ou un indigène.*

12.20 *Vous ne mangerez point de pain levé; dans toutes vos demeures, vous mangerez des pains sans levain.*

12.21 *Moïse appela tous les anciens d'Israël, et leur dit: Allez prendre du bétail pour vos familles, et immolez la Pâque.*

12.22 Vous prendrez ensuite un bouquet d'hysope, vous le tremperez dans le sang qui sera dans le bassin, et vous toucherez le linteau et les deux poteaux de la porte avec le sang qui sera dans le bassin. Nul de vous ne sortira de sa maison jusqu'au matin.

12.23 Quand l'Eternel passera pour frapper l'Égypte, et verra le sang sur le linteau et sur les deux poteaux, l'Eternel passera par-dessus la porte, et il ne permettra pas au destructeur d'entrer dans vos maisons pour frapper.

12.24 Vous observerez cela comme une loi pour vous et pour vos enfants à perpétuité.

12.25 *Quand vous serez entrés dans le pays que l'Eternel vous donnera, selon sa promesse, vous observerez cet usage sacré.*

12.26 *Et lorsque vos enfants vous diront: Que signifie pour vous cet usage?*

12.27 *vous répondrez: C'est le sacrifice de Pâque en l'honneur de l'Eternel, qui a passé par-dessus les maisons des enfants d'Israël en Égypte, lorsqu'il frappa l'Égypte et qu'il sauva nos maisons. Le peuple s'inclina et se prosterna.*

12.28 *Et les enfants d'Israël s'en allèrent, et firent ce que l'Eternel avait ordonné à Moïse et à Aaron; ils firent ainsi.*

12.29 *Au milieu de la nuit, l'Eternel frappa tous les premiers-nés dans le pays d'Égypte, depuis le premier-né de Pharaon assis sur son trône, jusqu'au premier-né du captif dans sa prison, et jusqu'à tous les premiers-nés des* *animaux.*

12.30 *Pharaon se leva de nuit, lui et tous ses serviteurs, et tous les Égyptiens; et il y eut de grands cris en Égypte, car il n'y avait point de maison où il n'y eût un mort.*

12.31 *Dans la nuit même, Pharaon appela Moïse et Aaron, et leur dit: Levez-vous, sortez du milieu de mon peuple, vous et les enfants d'Israël. Allez, servez l'Eternel, comme vous l'avez dit.*

12.32 *Prenez vos brebis et vos bœufs, comme vous l'avez dit; allez, et bénissez-moi.*

12.33 *Les Égyptiens pressaient le peuple, et avaient hâte de le renvoyer du pays, car ils disaient: Nous périrons tous.*

12.34 *Le peuple emporta sa pâte avant qu'elle fût levée. Ils enveloppèrent les pétrins dans leurs vêtements, et les mirent sur leurs épaules.*

12.35 *Les enfants d'Israël firent ce que Moïse avait dit, et ils demandèrent aux Égyptiens des vases d'argent, des vases d'or et des vêtements.*

12.36 *L'Eternel fit trouver grâce au peuple aux yeux des Égyptiens, qui se rendirent à leur demande. Et ils dépouillèrent les Égyptiens.*

12.37 *Les enfants d'Israël partirent de Ramsès pour Succoth au nombre d'environ six cent mille hommes de pied, sans les enfants.*

12.38 *Une multitude de gens de toute espèce montèrent avec eux; ils avaient aussi des troupeaux considérables de brebis et de bœufs.*

12.39 *Ils firent des gâteaux cuits sans levain avec la pâte qu'ils avaient emportée d'Égypte, et qui n'était pas levée; car ils avaient été chassés d'Égypte, sans pouvoir tarder, et sans prendre des provisions avec eux.*

12.40 *Le séjour des enfants d'Israël en Égypte fut de quatre cent trente ans.*

12.41 *Et au bout de quatre cent trente ans, le jour même, toutes les armées de l'Eternel sortirent du pays d'Égypte.*

12.42 *Cette nuit sera célébrée en l'honneur de l'Eternel, parce qu'il les fit sortir du pays d'Égypte; cette nuit sera célébrée en l'honneur de l'Eternel par tous les enfants d'Israël et par leurs descendants.*

12.43 *L'Eternel dit à Moïse et à Aaron: Voici une ordonnance au sujet de la Pâque: Aucun étranger n'en mangera.*

12.48 *Si un étranger en séjour chez toi veut faire la Pâque de l'Eternel, tout mâle de sa maison devra être circoncis; alors il s'approchera pour la faire, et il sera comme l'indigène; mais aucun incirconcis n'en mangera.*

12.49 *La même loi existera pour l'indigène comme pour l'étranger en séjour au* *milieu de vous.*

12.50 *Tous les enfants d'Israël firent ce que l'Eternel avait ordonné à Moïse et à Aaron; ils firent ainsi.*

12.51 *Et ce même jour l'Eternel fit sortir du pays d'Égypte les enfants d'Israël, selon leurs armées.*

Exode 13

13.5 *Quand l'Eternel t'aura fait entrer dans le pays des Cananéens, des* **Héthiens, des Amoréens, des Héviens et des Jébusiens,** *qu'il a juré à tes pères de te donner, pays où coulent le lait et le miel, tu rendras ce culte à l'Eternel dans ce même mois.*

13.6 *Pendant sept jours, tu mangeras des pains sans levain; et le septième jour, il y aura une fête en l'honneur de l'Eternel.*

13.7 *On mangera des pains sans levain pendant les sept jours; on ne verra point chez toi de pain levé, et l'on ne verra point chez toi de levain, dans toute l'étendue de ton pays.*

13.8 Tu diras alors à ton fils: C'est en mémoire de ce que l'Eternel a fait pour moi, lorsque je suis sorti d'Égypte.

13.9 *Ce sera pour toi comme un signe sur ta main et comme un souvenir entre tes yeux, afin que la loi de l'Eternel soit dans ta bouche; car c'est par sa main puissante que l'Eternel t'a fait sortir d'Égypte.*

13.10 *Tu observeras cette ordonnance au temps fixé d'année en année.*

13.14 *Et lorsque ton fils te demandera un jour: Que signifie cela? tu lui répondras: Par sa main puissante, l'Eternel nous a fait sortir d'Égypte, de la maison de servitude;*

13.15 *et, comme Pharaon s'obstinait à ne point nous laisser aller, l'Eternel fit mourir tous les premiers-nés dans le pays d'Égypte, depuis les premiers-nés des hommes jusqu'aux premiers-nés des animaux. Voilà pourquoi j'offre en sacrifice à l'Eternel tout premier-né des mâles, et je rachète tout premier-né de mes fils.*

13.16 *Ce sera comme un signe sur ta main et comme des fronteaux entre tes yeux; car c'est par sa main puissante que l'Eternel nous a fait sortir d'Égypte.*

13.19 Moïse prit avec lui les os de Joseph; car Joseph avait fait jurer les fils *d'Israël, en disant: Dieu vous visitera, et vous ferez remonter avec vous* *mes os loin d'ici.*

13.20 *Ils partirent de Succoth, et ils campèrent à Étham, à l'extrémité du désert.*

13.21 L'Eternel allait devant eux, le jour dans une colonne de nuée pour les guider dans leur chemin, et la nuit dans une colonne de feu pour les éclairer, afin qu'ils marchassent jour et nuit.

13.22 La colonne de nuée ne se retirait point de devant le peuple pendant le jour, ni la colonne de feu pendant la nuit.

Exode 14

14.4 *J'endurcirai le cœur de Pharaon, et il les poursuivra; mais Pharaon et toute son armée serviront à faire éclater ma gloire, et les Égyptiens sauront que je suis l'Eternel. Et les enfants d'Israël firent ainsi.*

14.5 *On annonça au roi d'Égypte que le peuple avait pris la fuite. Alors le cœur de Pharaon et celui de ses serviteurs furent changés à l'égard du peuple. Ils dirent: Qu'avons-nous fait, en laissant aller Israël, dont nous n'aurons plus les services?*

14.6 *Et Pharaon attela son char, et il prit son peuple avec lui.*

14.7 *Il prit six cent chars d'élite, et tous les chars de l'Égypte; il y avait sur tous des combattants.*

14.8 *L'Eternel endurcit le cœur de Pharaon, roi d'Égypte, et Pharaon poursuivit les enfants d'Israël. Les enfants d'Israël étaient sortis la main levée.*

14.9 *Les Égyptiens les poursuivirent; et tous les chevaux, les chars de Pharaon, ses cavaliers et son armée, les atteignirent campés près de la mer, vers Pi Hahiroth, vis-à-vis de Baal Tsephon.*

14.13 *Moïse répondit au peuple: Ne craignez rien, restez en place, et regardez la délivrance que l'Eternel va vous accorder en ce jour; car les Égyptiens que vous voyez aujourd'hui, vous ne les verrez plus jamais.*

14.14 *L'Eternel combattra pour vous; et vous, gardez le silence.*

14.16 *Toi, lève ta verge, étends ta main sur la mer, et fends-la; et les enfants d'Israël entreront au milieu de la mer à sec.*

14.17 *Et moi, je vais endurcir le cœur des Égyptiens, pour qu'ils y entrent après eux: et Pharaon et toute son armée, ses chars et ses cavaliers, feront éclater ma gloire.*

14.18 *Et les Égyptiens sauront que je suis l'Eternel, quand Pharaon, ses chars et ses cavaliers, auront fait éclater ma gloire.*

14.19 *L'ange de Dieu, qui allait devant le camp d'Israël, partit et alla derrière eux; et la colonne de nuée qui les précédait, partit et se tint derrière eux.*

14.20 *Elle se plaça entre le camp des Égyptiens et le camp d'Israël. Cette nuée était ténébreuse d'un côté, et de l'autre elle éclairait la nuit. Et les deux camps n'approchèrent point l'un de l'autre pendant toute la nuit.*
14.21 *Moïse étendit sa main sur la mer. Et l'Eternel refoula la mer par un vent d'orient, qui souffla avec impétuosité toute la nuit; il mit la mer à sec, et les eaux se fendirent.*
14.22 *Les enfants d'Israël entrèrent au milieu de la mer à sec, et les eaux formaient comme une muraille à leur droite et à leur gauche.*
14.23 *Les Égyptiens les poursuivirent; et tous les chevaux de Pharaon, ses chars et ses cavaliers, entrèrent après eux au milieu de la mer.*
14.24 *A la veille du matin, l'Eternel, de la colonne de feu et de nuée, regarda le camp des Égyptiens, et mit en désordre le camp des Égyptiens.*
14.25 *Il ôta les roues de leurs chars et en rendit la marche difficile. Les Égyptiens dirent alors: Fuyons devant Israël, car l'Eternel combat pour lui contre les Égyptiens.*
14.26 *L'Eternel dit à Moïse: Étends ta main sur la mer; et les eaux reviendront sur les Égyptiens, sur leurs chars et sur leurs cavaliers.*
14.27 *Moïse étendit sa main sur la mer. Et vers le matin, la mer reprit son impétuosité, et les Égyptiens s'enfuirent à son approche; mais l'Eternel précipita les Égyptiens au milieu de la mer.*
14.28 *Les eaux revinrent, et couvrirent les chars, les cavaliers et toute l'armée de Pharaon, qui étaient entrés dans la mer après les enfants d'Israël; et il n'en échappa pas un seul.*
14.29 *Mais les enfants d'Israël marchèrent à sec au milieu de la mer, et les eaux formaient comme une muraille à leur droite et à leur gauche.*
14.30 *En ce jour, l'Eternel délivra Israël de la main des Égyptiens; et Israël vit sur le rivage de la mer les Égyptiens qui étaient morts.*
14.31 *Israël vit la main puissante que l'Eternel avait dirigée contre les Égyptiens. Et le peuple craignit l'Eternel, et il crut en l'Eternel et en Moïse, son serviteur.*

Explications condensées des versets

J'ai pris la peine de recopier ces versets bibliques afin de faire comprendre au monde que Dieu a aussi un monde des affaires qui est régi par ses lois et qui n'est pas aussi un terrain pour enfants ; mais un champ où Dieu donne à tous ceux qui les appliquent, et se sentent capables de braver les épreuves qui peuvent se présenter pendant qu'ils vont vers les sommets que seul Jésus nous garantit l'assurance de sa protection infaillible. Le même combat qu'a mené Moïse pour que les Israélites sortent de l'Egypte avec tous leurs bien est le même que mènera chaque personne qui met Christ au centre de ses entreprises. En lisant les premières confessions, les confessants disent que Satan est payé par le sang lorsqu'il traite affaire avec une âme de Dieu. Ce qui veut dire que celui qui va s'enrichir par les moyens occultes, malgré qu'il semble avoir une évolution physique prospérant, cette évolution n'est que ce que l'on appelle "le taper œil". Les grenouilles, les souris et tous les fléaux dont l'Eternel a frappé les Egyptiens sont à la porte de ses entreprises. Souvenez-vous que c'est à la sueur des Israélites que les Egyptiens se sont développés. Tous les fléaux que l'Eternel a infligé aux Egyptiens sont le retour à l'émetteur que Dieu a pratiqué contre eux ; jusqu'au décès des premiers nés. Comme pour dire, rien n'échappe à Dieu et aucun péché ne reste impuni. Certains vont répondre : tous mes enfants sont vivants. Certes, ils sont vivants, mais avec des vies déjà sacrifiées. La maman de mes enfants est issue d'un papa de fonction commissaire de police. Un jour en pratiquant la délivrance sur elle, je suis arrivé au point où l'esprit de son papa parlait en elle. Cet esprit avait pour rôle de soutirer les bénédictions de la vie de sa fille et de payer ses dus dans le monde occulte où il tirait son influence. Aujourd'hui, aucun de ses enfants n'a une situation sociale enviable. Ce qui veut dire que la vie de chacun d'eux a été sacrifié.

Le sexe et le flux humain

Je vais faire de court témoignage pour faire comprendre aux hommes et aux femmes ce que le sexe est capable de causer au sein de la société par des témoignages

Le sexe est l'organe le plus utilisé pour posséder les vies et détruire les âmes humaines. La chance s'il faut le dire est que les opérations sataniques n'ont pas de fondements innés dans la vie des humains, ce sont des fondements qui viennent se poser sur la fondation originelle que l'Eternel Dieu a mis dans l'être humain :"qu'il soit comme nous, et il créa l'homme à son image et à sa ressemblance".

1- **Le pouvoir et le sexe** : Les fait que je vais relater est un fait vécu. Il y avait un chef de chargé de missions diplomatiques qui fut affecté dans mon pays. Marié de son état, il laissa sa femme et ses enfants dans son pays. Tellement que les filles étudiantes défilèrent devant ses yeux, il n'a pas pu se retenir. Il se mit à coucher avec elles et même certaines employées. Dans ces aventures, il a oublié que les employées ne sont pas souvent ce que l'on voit à l'œil nu. Des choses bizarres ont commencé à se produire dans le sein de l'entreprise. Etant aussi témoin de ces faits, il commença à soupçonner que les affaires occultes se passaient à l'intérieur de la structure. Le jour où l'on décida de le toucher arriva. Il sorti pour prendre son déjeuner comme d'habitude. Il chercha un de ses collègues pour aller ensemble ce jour-là, aucun n'était disposé. Finalement, il décida d'aller seul. Ayant pris place et commença à manger, de nulle part vint un monsieur qui ramassa un caillou par terre le cogna à la tête. Le sang a jailli. Il fut transporté à l'hôpital de toute urgence. Lorsqu'il fut de retour, il commença à confesser qu'il y a vraiment de l'occultisme dans l'entreprise. Malgré qu'il veuille revoir son agresseur, pour lui offrir l'occasion de se repentir en dévoilant ceux qui l'on monté pour poser cet acte, ce dernier ne s'est jamais représenté. S'il décédait, personne n'allait savoir l'origine du problème. L'une d'elle, je la connais très bien pour ses pratiques, elle est même l'amante occulte de son papa. C'est elle qui a prélevé le flux sexuel de ce chef et emporté dans le monde occulte pour manipulation. Dans le monde, on lui a également demandé le sang frais de ce chef. Malheureusement pour elle, le chef n'est pas décédé. Dans des cas pareils, il faut que la victime décède pour que son bourreau puisse être élevé. A la suite de son agression, le chef voyagea, de retour, il annonça à toute l'entreprise qu'il a été démis de ses fonctions.

2- **L'argent et le sexe 1** : Dans les années mil neuf cent soixante-dix-huit, un chef de famille fut affecté hors de sa région de recrutement. Comme notre administration est lente dans le traitement des dossiers relatifs aux affectations, le monsieur passa plus de huit mois sans pouvoir toucher son salaire dans son nouveau lieu d'affectation. La distance étant longue, il passait parfois deux mois avant de revenir sur Yaoundé pour toucher son salaire. Sa femme ne pouvant pas supporter les temps morts de la venue de son mari, elle s'est mise à chercher des moyens de subsistance. Comme Satan ne vient jamais de lui-même, elle s'est mise parfois à poser ses difficultés à ses amies et voisines. L'une d'entre-elles fut très entreprenante. Elle commença à venir en aide à la dame. Petit paquet, somme d'argent et d'autres présents. Finalement sa voisine gagna le rapprochement de la dame. Un jour, la voisine lui proposa de lui donner plus si elle accepte d'aller avec elle comme si c'était un homme et une femme qui vont ensemble. La dame étant déjà aux bons soins ne pouvait refuser une telle proposition de sa bienfaisante. Le jour "j" arriva. Elles ont pris rendez-vous au quartier dit *anciens rails*. Elles sont entrées dans la chambre, se sont déshabillées, puis dans la surprise, la dame constata que sa bienfaisante avait bel et bien un sexe masculin au-dessus du sexe féminin. Etant une femme, elle savait qu'elle allait supporter les coups de rein de l'autre comme elle le fait d'habitude avec son mari. Une fois l'acte commencé, personne n'étant au courant de ce qui se passait, déjà le lieu était un endroit où les gens allaient souvent consommer de l'*Africa gin.*, ce sont les cris stridents qui ont fait accourir les gens. Dans toute la surprise, la bienfaisante couchait la dame ; et son organe mal prenait de l'ampleur au fur et à mesure que l'acte durait. A une certaine grosseur, la dame ne pouvait plus supporter le mal, selon ce qu'elle expliquait. Etant trouvée nu, la dame ceignait vraiment du vagin ; et incapable de se tenir debout pour marcher. Trois mois plus tard, la dame est décédée.

3- **L'argent et le sexe 2** : mon frère aîné ayant eu une puissance financière forte, il s'est mis à faire du désordre sexuel grâce à cette puissance financière. Hormis tout cela, il s'est mis également à acquérir les vies humaines pour le compte de sa société secrète. Tellement qu'il s'est fait beaucoup de concubines qui lui ont aussi fait confiance à cause de l'argent qu'il leur donnait. Il s'est offert le luxe de les loger toutes. Lorsque le temps de l'accomplissement des promesses arriva à terme, il s'est mis à les liquider les unes après les autres. Un jour, sa femme légitime se rendit à la levée de corps d'une de leur amie à la morgue de l'hôpital central de Yaoundé. Lors que la communicatrice de la morgue annonce la levée de madame monsieur mon frère aîné, les amies de sa femme qui étaient encore assises à l'ombre du hangar se mirent à se regarder. Etonnées et fixant leur amie qui est la femme réelle de mon frère aîné, elles se sont levées pour aller voir si réellement c'est le monsieur dont elles ont entendu le nom qui est vraiment là, puis voir également le cadavre de sa femme. A la grande surprise, la réalité a rendu son verdict. C'était mon frère aîné. Et, ce ne fut pas la seule femme qu'il est allé enterrer ; plusieurs ont subi le même sort.
Tout le monde doit faire attention en ce qui concerne les biens que Dieu donne en partage à toute la création. J'ai l'habitude de dire que : l'homme qui cherche au-delà de ce que Dieu lui propose fini toujours par tremper là où il ne faut pas ; et que la femme qui veut avoir plus qu'il en faut finit par vendre son âme au diable.

-3 **l'argent et la célébrité** : Voici l'histoire d'un de mes frères qui a vendu son âme à Satan et dont il a payé de sa propre vie. Lorsque mes parents revinrent du Gabon en mil neuf cent soixante-dix-huit, je fus inscrit en classe de cinquième. Mon frère cousin fut inscrit dans un collège des sciences techniques. J'étais dans l'enseignement général tandis qu'il était dans l'enseignement technique ; spécialité mécanique automobile. Son père même était un mécanicien de renom dans l'armée. Tellement que sa maman voulait que ce soit son fils qui puisse dominer, elle entreprit d'initier son fils qui est mon cousin dans la vie des société secrètes occidentales. Très vite, il commençait à recevoir des lettres par voie occulte. La chose fut connue de toute dans la famille. Après les lettres, ce fut les liasses d'argent qui lui parvenait par les mêmes voies. Chaque fois qu'il recevait de l'argent, la famille était au courant et il remettait cet argent à sa maman. Après ce fut les temps de troubles. On a commencé à l'appeler pour se rendre au cimetière qui se trouvait à une cinquantaine de mètres de la maison. Quand cela arrivait, il traversait la route et courrait très vite vers le cimetière. La seule chance qui le souriait était que, lorsque l'appel lui était faite, il y avait toujours une personne influente qui se trouvait à ses côtés pour l'empêcher d'atteindre le cimetière. Malgré cela, il parvenait quand-même à traverser la route pour se retrouver du côté du cimetière. Ce qui veut dire que, les esprits parvenaient à lui transmettre les messages. A voir son style de vie, nous avons conclu dans la famille qu'il a réussi. Un jour, son papa a apporté le moteur d'une voiture Mercedes Benz. Ce moteur avait une chambre du vilebrequin qui était endommagée et il fallait la réparer. Son papa en tant que grand mécanicien des corps des armées n'a pu. Laissant son fil à la charge du moteur, celui-ci, nous ne savons comment il parvint à faire une adaptation des coussinets de la Renault 16 au moteur de la Mercedes Benz. De retour du travail, il trouva que son fils a réussi là où il a échoué. La nouvelle rendit fier toute la famille. Mais, son fils étant resté avec nous, déclara : "*je vous avais dit que je serai un très grand mécanicien plus que mon papa, et mes gens m'ont aidé*". Ce frère ne roulait jamais dans d'autres marques de voiture que celles de fabrication Allemande (Wolswagen, Audi, Mercedes), dans le cas où l'une de ces marques n'est pas à sa disposition, il préférait aller à pieds. Un jour, pendant que nous prenions le bain ensemble dans une même salle de bain, comme tous les jeunes hommes, nous nous mîmes à comparer nos sexes (la grosseur et le longueur) ; comme il fallait s'y attendre, le sien était devenu plus long et plus gros. Il nous déclara qu'il a du travail à faire avec son sexe ; ses gens, comme il les appelait ont du travail avec lui. Nous ne comprîmes vraiment pas ces mots. Il a fallu que le Saint Esprit me vienne en aide quarante-deux ans après pour comprendre ce qu'il voulait dire. Dans nos aventures de jeunes hommes, j'avais remarqué qu'il n'allait jamais avec une femme plus d'une fois. Celle qu'il avait essayé de prendre comme concubine et voulait épouser est décédé sans être malade. Celle qui était la sœur de mon épouse a subi le même sort. Dans ma conscience de faire de lui une personne responsable de ses actes, j'ai voulu le ramener dans la voie de prendre une femme pour épouse, il m'a dit qu'il n'est pas là pour ça. Il ne peut se marier. Je fais l'amour avec une femme et je passe sans plus revenir. Tellement qu'il avait de l'argent, son style de vie ne souffrait de rien. Et, comme les jeunes filles se précipitent toujours vers des personnes pareilles, elles étaient autour de lui comme des abeilles autour du miel. Il ne passait de mois sans qu'il nous annonce le décès d'une de ses conquêtes. En fait, chaque femme qui acceptait ses avances était déjà une victime. Comme il fallait s'y attendre, Satan ne donne rien pour rien. Quand il donne de la main gauche, il reprend avec brutalité par la main droite. Il a eu du succès, il a été riche, il a connu la gloire. Mais en tout, il a vendu sa vie, son âme au diable. Etant donc interdit de se marier, et sous la pression de la famille, il s'entêta quand même de le faire. Malgré les avertissements qu'il recevait de sa société secrète, il décida de prendre une de ses concubines et l'installa chez lui. En guise d'avertissement, on lui infligea une infection pulmonaire. Malgré les hospitalisations, il n'avait jamais guéri. En fait, on lui demandait de la viande solide. On lui demandait deux personnes ; son petit frère direct et le plus influent de ses frères dans la famille. Les commandants des sociétés occultes cherchent toujours les personnes qui peuvent faire obstacle dans leurs actions dans les familles et dans les lieux de travail. Son petit frère est celui qui devrait être un opposant aux idées de son frère dans la famille. Le plus influent est celui qui a un charisme spirituel élevé et qui spirituellement, par ses prières peut stopper les élans du monde occulte dans la famille. Lorsqu'une société secrète, après avoir rendu quelqu'un riche, veut déjà récupérer ce qu'ils ont donné à une personne, elle soumet cette personne à des conditions qu'elle ne peut remplir. C'est le cas avec ce petit frère. Lorsque le temps de partir de ce monde physique est arrivé, et comme chaque personne qui se fait riche par les biens occultes connait le jour et l'heure de son départ, il commença à vouloir élimer son petit frère direct. Des choses incompréhensibles ont commencé à arriver à son petit frère direct. Après avoir garé un jour sa voiture, il revint le matin pour recommencer son travail de conducteur de taxi. Voulant faire baisser la vitre de la portière avant du côté passager, celle-ci se brisa en s'émiettant. Scientifiquement, l'on dira que la vitre a été désintégré avec le temps. Dans la même semaine et le même jour, après avoir roulé pendant une demi-journée, la voiture se mit à produire une fumée très noire. Il a même cru que sa voiture a pris feu. Se précipitant vers l'avant, il ouvrit le capot avant pour voir ce qui n'allait pas, il fut surpris de voir une grosse souris bien placée sur l'essieu de direction. Malgré qu'elle soit chassée à coup de clé à roue, elle ne voulut pas partir. Finalement, l'on finit par la déloger et la faire partir. Dès qu'elle est partie de la voiture, le petit frère alla redémarrer la voiture, à la grande surprise, la voiture redémarra avec ronflement normal et un bon dégazage de fumée. Durant cette semaine, son petit frère a passé des moments très durs ; finalement, il est allé se confier à un diseur de la bonne aventure pour le protéger. Croyant qu'il a réussi à échapper aux griffes de son grand frère, quatre mois après le décès de son grand frère, l'esprit de mort de son grand frère est revenu accomplir sa mission. Etant garé au niveau de feu de circulation, une voiture vint par derrière et percuta son taxi. Le choc reçu par derrière de sa voiture, poussa sa voiture et elle alla percuter celle qui était devant la sienne. Comme pour dire qu'il faut totalement détruire la voiture pour que son petit frère ne puisse plus avoir une activité génératrice de revenus. Au sortir de cet accident, sa voiture était irrécupérable. La carrosserie de la voiture ne pouvait plus être utile. On déposa le moteur en attendant qu'il puisse acheter une autre carrosserie. En fait, pour un être humain dépourvu de la science de Christ Jésus, l'esprit ne meurt pas. Mais pour celui qui est en Christ Jésus, l'esprit meurt. La mort de l'esprit consiste à détruire l'esprit ; c'est-à dire : enlever à l'esprit la capacité d'être actif dans la vie des êtres humains et dans leurs domaines de vie. Pour celui qui décède à cause de ses alliances dues à sa société secrète, l'esprit gardien qui l'habitait l'entraine par force à un endroit de la planète où il ira travailler le restant de sa vie en remboursant tout ce que Satan lui donné et qui faisait sa prospérité (finance, influence, matériel comptable etc). Pour mon petit frère cousin, il sacrifia sa vie pour la célébrité dans sa profession. Il a demandé à sa société secrète de faire de lui un grand mécanicien spécialiste en marques allemandes ; et c'est ce qu'il fut toute sa vie durant. Actuellement, pour tous ceux qui ne sont pas de sa connaissance, ils peuvent le voir en tant que grand mécanicien dans l'un des garages de fabrication et de réparation des voitures en Allemagne. Mais pour tous ceux qui sont de sa famille et le connaissant, il est impossible de le voir à l'œil nu ; car à chaque approche de l'une de ses parentés, il ressent leur odeur. Et, dès qu'il ressent leur odeur, il disparait. Le corps avec lequel il vit à l'heure actuelle est un corps qui n'est plus le sien ; mais son âme est la même ; la face reste la même. Là où il est actuellement en train de travailler pour le remboursement de la célébrité qui lui a été donné, il devrait attendre mourir une deuxième fois et définitivement. Apocalypse parle : *chaque lieu rendra ses morts pour qu'ils soient jugés*.

La formation occulte

On ne se lève jamais un beau jour puis on commence par aller dans le monde occulte sans un esprit qui permette de le faire. Les adeptes du monde occulte sont de bons menteurs ; la majorité est rare à déclarer comment ils ont pu devenir des participants du monde occulte. La chose que plusieurs d'entre eux sont vites à déclarer est comment ils sont victimes ou qu'ils sont victimes des œuvres du monde occulte. L'initiation peut se faire à tout âge. Mais les plus doués sont ceux qui sont initiés dès les entrailles de leur mère.

Dans les trois dimensions qui constituent l'être vivant, le cops, l'âme et l'esprit, l'esprit est la partie qui entre toujours en contact avec le monde des esprits. Chaque personne est sujet à ce phénomène. Lorsque l'être humain dort, son esprit se détache de son corps pour prendre des informations relatives à l'environnement ; ce qui est différent de l'envoûtement ou de la possession. Ici, l'être humain est sujet à un processus normal que l'Eternel Dieu a mis en chacun. En médecine on parle du corps astral. Celui dont parle les médecins est normal dans l'être humain. Cependant, le corps astral secondaire est l'entité anormale dans le corps humain. Celui-là est une entité qui est introduite sous forme de quatrième dimension et permet de se mouvoir à volonté hors de son corps charnel humain. Le jeune homme et le monsieur dont les confessions ou témoignages sont rendus sont des personnes qui ont été inimitées à l'âge très jeune. Le jeune homme par sa grande mère, et le monsieur par son grand-père. Le monsieur a grandi avec cette entité spirituelle en lui. Lorsque le temps est arrivé pour cette esprit de passer à l'action, il a permis au monsieur d'obtenir son premier crédit bancaire et de commencer ses affaires (entreprises). A ma connaissance et par expérience, le monsieur n'a pas respecté le pacte avec son entité spirituelle qui est sa partie occulte du monde des esprits et en même temps qui est aussi son esprit gardien. Il a voulu jouer au dur et au malin ; alors cette entité spirituelle (démon) a fait voler tout le matériel de sa discothèque. Constatez qu'à chaque fois qu'il cherchait à retrouver l'argent pour se relancer dans les affaires, il y avait toujours un agent gardien qui s'y trouvait à ses côtés. Dans son esprit, il les connaissait ; et ses agents tenaient à récupérer le prix de retour sujet à la richesse que le monde occulte lui a procurer : le sang humain (ses enfants, sa femme ou lui-même). Malgré la malignité à laquelle il voulait jouer, un de ses enfants a fini par être pris. Pour dire qu'on ne peut fuir Satan par ses propres moyens ou par son intelligence, ni par sa propre force. Seul Jésus est capable de le faire pour ceux qui se confient en lui en esprit et en vérité. Si le monsieur s'était directement dirigé vers ceux à

qui Jésus a donné le pouvoir de conjurer le mal, il n'aurait jamais perdu un seul de ses enfants ni devenir aveugle. Toutes les personnes qu'ils rencontraient dans ses voyages du monde intermédiaire ne sont que des esprits qui ont porté les corps à autrui. Si oui, avec les yeux du Saints Esprit, ce sont des squelettes. Il n'y a que Dieu seul qui bénit sans chagrin. Les hommes et les femmes trouvent difficiles les conditions de Dieu parce qu'ils ne veulent pas changer. Les hommes et les femmes pensent toujours que c'est Dieu qui doit se plier à leurs exigences. Prenons un enfant que les parents élèvent, c'est l'enfant ou les parents, qui imposent ses droits à l'autres ?
Les hommes et les femmes acceptent facilement les conditions de mort qu'aux conditions de vie. Je n'ai jamais vu une personne qui s'est enrichie par les vertus de Satan finir sa vie dans de bonnes conditions. Dans mon pays, le ciel étant tellement pollué, ils finissent tous de la même manière.
La délivrance est plus facile pour une personne, lorsque celle-ci est encore sous l'autorité des parents. C'est pour cela que chaque parent devrait sincèrement s'engager dans la sanctification de ses enfants. La sanctification dans la famille ne pourrait également être possible que si les parents sont également des personnes sanctifiées. En somme, bâtir une famille digne dans la gloire de Dieu n'est pas une chose aisée. Il faut de la patience et la connaissance. Malheureusement, les hommes et les femmes utilisent beaucoup leur conscience pour raisonner Dieu. La raison du salut et sa voie reste et demeure unique :

Actes 2

2.37 *Après avoir entendu ce discours, ils eurent le cœur vivement touché, et ils dirent à Pierre et aux autres apôtres: Hommes frères, que ferons-nous?*
2.38 *Pierre leur dit: Repentez-vous, et que chacun de vous soit baptisé au nom de Jésus Christ, pour le pardon de vos péchés; et vous recevrez le don du Saint Esprit.*
2.39 *Car la promesse est pour vous, pour vos enfants, et pour tous ceux qui sont au loin, en aussi grand nombre que le Seigneur notre Dieu les appellera.*

Les retards de l'accomplissement de la parole de Dieu dans la vie de ses âmes

Les hommes et les femmes aiment les raccourcis, ce sont ces chemins qui les amènent également à tomber dans les griffes de Satan. Satan n'invite personne

dans son sein, ce sont les comportements et faits des hommes et femmes qui ouvrent à Satan les portes de la vie d'un individu.
Les hommes et les femmes peuvent facilement refuser dans leur conscience d'appartenir à l'Eternel Dieu, mais une fois qu'on embrasse Satan, il devient difficile de se débarrasser de lui. Nous les hommes, nous devons beaucoup faire attention avec les paroles que nous avançons, les esprits de vengeance qui animent les uns et les autres, les prières que nous élevons, car il faut savoir à qui nous les adressons.
Lorsqu'on est une personne spirituelle, occulte ou sainte, les paroles qu'on sort de sa bouche ne sont pas à négliger.

Les esprits de vengeances et de colères (les conçus de la conscience et du cœur)

Deux paroles résument les deux caractères : Dieu dit à lui la vengeance et le Saint Esprit à travers la bouche de Paul demande d'abandonner la colère.
La vengeance faite par Dieu est la meilleure, car l'on ne peut accuser son prochain pour quoi que ce soit. Le décès de l'enfant de ma petite sœur ne saurait être un fait d'accusation lorsqu'elle voulait tuer mon fils aîné. Sa maman avait voulu se soulever contre elle, je lui ai demandé de ne manifester aucun bruit ; Dieu seul va résoudre ce problème ; et cela fut ainsi. En guise de rappel, le serpent est sorti de nulle part et passant par-dessus le mari de ma grande sœur couché dans un même lit avec ledit enfant, puis a mordu l'enfant à la tête et disparu. En moins de cinq minutes, l'enfant soupira. Depuis ce jour, aucun de mes parents n'osa encore tenter de faire du mal à un de mes enfants.
Les esprits de vengeance et de colère, spirituellement occupent la place du Saint Esprit dans les cœurs des gens. Et ils empêchent au Saint Esprit d'opérer comme il le faut dans la vie des personnes qui cultivent ces esprits dans leur vie. Toute personne qui cultive ces esprits dans sa vie est lui-même la cause des retards de l'accomplissement des bénédictions de Dieu dans sa vie

Le doute

L'Apôtre Pierre déclare que si quelqu'un demande quelque chose à Dieu, qu'il sache qu'il l'a déjà reçu. S'il doute, qu'il sache qu'il n'aura rien. Il n'est que de l'airain qui fait du bruit. Un jour je me posais la question de : si je peux écouter le son de l'airain. Comme par amusement, le Saint Esprit me ramena quarante-six ans après dans ma vie. A cette époque j'avais neuf ans. Mes parents étalaient les habits pour les faire sécher sur du fil de fer attaché sur deux poteaux distants de trois à quatre mètres. Lorsque ces cordes étaient sans habits, nous partions mes cousins et moi jouer en tirant sur ces cordes. Nous disions que nous jouions à la guitare. Lorsque nous tirons ces cordes, elles émettaient le son : dinng ring ring ring ring…ce bruit s'estompait. Il me dit alors, c'est ça le bruit de l'airain. Le doute est un esprit d'incrédulité qui empêche et retarde l'accomplissement des bénédictions de Dieu dans la vie d'une personne.

Les malédictions héréditaires et transgénitales

Ce sont des malédictions dues aux choses et actes commis par les parents et qui influencent la vie des enfants. La parole de Dieu est claire : je punis l'iniquité des parents sur leurs enfants jusqu'à la sixième génération de ceux qui me haïssent. La sixième génération c'est laquelle pour la famille qui subit une malédiction à cause de la désobéissance des parents. Faisons attention avec Dieu.

Les mauvais gestionnaires

Ne jamais solliciter une élévation ou un poste qu'on est incapable de gérer. Cela attire la malédiction et les échecs dans la vie professionnelle de l'employé ; surtout si parmi les employés il y a les enfants de Dieu bien repentis. Car l'ignorance est un péché très destructeur pour la personne et de grandes destructions pour l'entreprise. Ceux qui remplissent leur fonction convenablement acquièrent un rang honorable et une grande considération au milieu des peuples des nations.

Le diable ne force jamais la vie d'une personne, mais c'est le comportement que les êtres humains font montre qui amène le diable dans la vie d'un individu.

Je travaille en la présence d'un monsieur, administrateur de son état, il n'a jamais changé de manière de travailler malgré qu'il ait démissionné une première fois et repris le travail pour une seconde fois. Lorsqu'il est revenu, je suis allé le voir pour lui présenter mon soutient pour cette nouvelle venue, croyant qu'il allait changer la manière de travailler. A ma grande surprise, je fus le premier à subir les aléas de sa paresse. Pour établir un contrat de régularisation, pour un administrateur d'un institut international, il lui a fallu un mois et demi. Entre temps, les intérêts du prêt bancaire que j'ai fait ont grimpé jusqu'à ce que le crédit soit parti au contentieux. Pour le développement d'une entreprise ou un pays, à quoi peut-on s'attendre ?

Un jour, pendant que j'avais déjà fini de prier, étant inquiet sur le temps qu'avait mis mes factures dans son bureau, le Saint Esprit m'a fait voir qu'il s'est favorisé l'entrée des souris occultes dans son bureau à cause de sa paresse. Les souris marchaient sur les dossiers posés sur sa table, et cela causait du rejet dans conscience vis-à-vis des dossiers à signer. Ainsi, par son laxisme, les esprits de lenteurs et de négligences sont entrés dans sa gestion administrative. Une personne pareille, malgré qu'elle soit de haut rang dans la société, et malgré son salaire, il est néant moins sous le poids de la malédiction, et sa gestion peut faire chuter les autres et tous ceux qui sont autour de lui.

Le bon choix de l'esprit

Avant que le seigneur Jésus me débarrasse de l'homme fort de ma vie, lorsque j'élevais les prières, il se passait toujours deux phénomènes : soit c'est cet esprit qui se présente et me montre que la prière a été exaucée, soit c'est le Saint Esprit. J'étais dans une confusion totale. Alors, avec les conseils que je suivais dans d'autres assemblées du Christ, je me suis mis à bien étudier les différentes manifestations des deux esprits. Parfois, les deux esprits se manifestaient au même moment : c'est-à-dire que la bénédiction se fait voir au même moment que les échecs. J'ai alors compris qu'il y a connexion entre mon âme et mon esprit au moyen d'un esprit malsaint. Les deux ne pouvant pas cohabiter, il fallait que l'un parte. Dans la prise de décision de faire partir l'un des esprits, le choix ne dépend pas de Dieu. L'être humain est celui qui décide du choix. Une fois que le choix est fait, il le présent à Dieu par sa volonté explicative verbale accompagné des prières de combat appuyées par des jeunes et l'utilisation des ingrédients de la parole, puis en lisant la parole biblique. Le diable n'aime pas la parole biblique ; c'est pour cela qu'il faut être sûr qu'il partira.

Les prisons occultes

Comme son nom l'indique, ce sont des lieux du monde occulte où les âmes de Dieu sont emprisonnées. Elles sont aussi fortes que les forteresses et jouent presque les mêmes rôles dans la vie de la victimes La personne peut même être membre d'une assemblées de Christ et être prisonnière dans une prison occulte. Leurs complexités dépendent également du nombre de chambre dans lesquelles la personne est enfermée. Je m'explique par ce témoignage.

Après une semaine de jeune et de prières, une sœur vint rendre témoignage de ce qu'elle a vécu dans un songe. Elle déclare s'être vue enfermée dans un cocon comme une nymphe de chenille. Elle s'est mise à fendre le cocon par sa main qu'elle utilisait comme une machette. Finalement, elle s'est frayée une ouverture et en est sortie. Dès qu'elle est sortie, elle s'est retrouvée dans une chambre noire, elle s'est avancée vers la porte, l'a ouverte puis en est sortie et a commencé à descendre les escaliers pour s'éloigner définitivement des lieux.

Le cocon est une prison, la chambre noire, une autre prison. En tout, la sœur se trouvait enfermée dans deux prisons. Le cocon était une prison dans une autre prison. Lorsqu'une personne est soumise aux prisons occultes, la vie ou sa personnalité est aussi en prison. Physiquement la personne semble joviale, mais au fond, elle en souffre. La sœur en question est belle de face, une peau de lune, mais elle déclare qu'elle n'arrive jamais à garder un homme à elle seule. Je vous rappelle que la sœur est déjà prédisposée pour l'autel. Elle est au rang de ceux qui sont observées pour être diacre. Voyez, Satan s'en fiche des grades ecclésiastiques. C'est au serviteur de sortir de l'ignorance. C'est pour cela qu'il est bien de faire à chaque moment une auto critique d'observation de sa propre personnalité.

Les nœuds coulants

Les nœuds coulants sont également causes des retards de l'accomplissements des bénédictions. La spécificité des nœuds coulants est que la personne victime reçoit une partie de ses bénédictions de temps à autre. Ce qu'elle reçoit n'est qu'une partie de ce qu'elle devrait recevoir ; pendant que l'autre partie est retenue par l'homme fort ou la femme forte de sa vie.

Manifestation des nœuds coulants

Lorsqu'une personne est victime du nœud coulant, son étoile se trouve enroulé par une corde sous forme de nœud. Cette corde fait le tour de sa vie et l'étreigne. De temps à autre, on desserre un peu le nœud pour lui faire de petits cadeaux de bénédictions ; ensuite on resserre très fort. Pendant qu'on resserre, elle recommence à vivre des moments de sècheresse. Le langage tenu par des personnes victimes des nœuds coulants est le suivant : "je me contente de ce que Dieu me donne. Je ne cherche pas assez".

L'esprit de retard

C'est un esprit qui empêche ou cause les retards dans l'accomplissement des biens faits de Dieu dans la vie de ses enfants

Les différentes manifestations de l'esprit de retard ou de non accomplissement
Jésus dit que les paroles qu'il nous donne son esprit et c'est l'esprit qui vivifie. Ce qui s'interprète de la manière suivante : lorsque l'esprit vit (est en santé), alors le corps vit. En d'autres termes, c'est l'esprit qui donne la vie au corps. Si l'esprit reçoit la mort, cette mort se manifeste au corps. En somme tout commence par l'esprit.

Voici comment se manifeste l'esprit de retard ou de non accomplissement ; dans les songes pendant le sommeil il se produit des choses suivantes :

- L'on peut se voir tomber dans le vide et peut se réveiller en sursaut
- On se voit en train de monter les escaliers ou une colline avec peine
- On vit ses plans ou ses objectifs dans l'échec
- On vit en ville, mais dans le songe on se retrouve au village
- On travaille, mais dans les songes on se voit en tenu de classe scolaire
- On se voit porter les enfants dans le songe, mais on est incapable de concevoir une grossesse. Tous les retards ressortent
- On veut se marier, on assiste au mariage à autrui dans le songe
- On se voit poursuivit par les animaux
- On est en compagnie des chiens
- On se voit dépasser par l'escargot dans une course ou une simple marche
- On se voit enfermer dans des lieux qu'on ne reconnait pas
- On se voit en compagnie des parents ou des amis déjà décédés
- On se voit marcher à côté des poubelles ou des vieux WC
- Les songes avec les serpents ou avec les milles pattes
- Et les choses semblables…

Lorsque l'ennemi voit ne serait-ce qu'un petit espace, il entre. Ce qui veut dire que même si ce l'un des évènements est vécu ne serait qu'une fois, il ne faut pas le négliger.

La prise des offrandes dans l'église

Luc 21

21.1 *Jésus, ayant levé les yeux, vit les riches qui mettaient leurs offrandes dans le tronc.*
21.2 *Il vit aussi une pauvre veuve, qui y mettait deux petites pièces.*

21.3 Et il dit: Je vous le dis en vérité, cette pauvre veuve a mis plus que tous les autres;
21.4 *car c'est de leur superflu que tous ceux-là ont mis des offrandes dans le tronc, mais elle a mis de son nécessaire, tout ce qu'elle avait pour vivre.*

Les riches de ce monde pensent que Dieu est pauvre ; ou que l'église du Christ est pauvre pour venir déposer le superflu de leur richesse dans la maison du trésor. Le superflu qu'ils viennent souvent mettre dans la maison du trésor attire une très grande malédiction dans leurs entreprises et dans leur portemonnaie. Mais il y eut un chef militaire dans les Actes des apôtres, qui par ses offrandes faites à la maison du trésor plurent à l'Eternel de manière que le Saint Esprit envoya Pierre chez lui pour sceller ses dons et ses prières. A la fin, il fut baptisé et reçu le don du Saint Esprit (le salut). Pour ceux qui sont déjà dans l'église, c'est tout un autre problème : ils doivent faire le choix de la semence.

Prenons un exemple d'un enfant de Dieu qui est agriculteur. Dans le choix des semences, il choisira les semences améliorées et de bonne santé. C'est cette qualité qu'il mettre dans le sol pour espérer avoir une bonne récolte. C'est le même processus qui doit se passer dans la maison du trésor (église ou assemblée du Christ) pour les offrandes.

Les projections astrales

Ce sont des sorties contrôlées ou incontrôlées des êtres humains hors de leur enveloppe corporelle. La projection astrale consiste à quitter son corps volontairement ou involontairement par le moyen d'un esprit appelé esprit de projection astrale ou la quatrième dimension négative. Il en existe deux sortes : les conscientes et les inconscientes.

Les projections astrales conscientes

Ne peut le faire que des personnes qui sont dotés d'un corps astral secondaire. Selon la médecine moderne, chaque être humain est doté d'un corps astrale primaire ; qui est appelé dans le domaine spirituel "*l'âme*". Dans le domaine spirituel occulte, le corps astral secondaire est appelé "démon, ange déchu de la gloire de Dieu, le rebelle" ou encore la quatrième dimension négative. Une seule personne peut en porter en son sein autant que possible que sa force le lui permet. Ce sont de telles personnes qui peuvent se mouvoir volontairement hors de leur corps. Celles qui font ces pratiques sont généralement des maladifs. Pour se maintenir en forme physique, elles sont obligées de pratiquer le spinotaudisme ;

c'est-à-dire qu'elle suce la vie des tierces personnes pour conserver la santé physique. Ces personnes mènent une vie de malédiction quoi que prospère physiquement. Quand elles sortent hors de leur enveloppe corporelle, avant d'être efficacement opérationnelle, elles passent par une tombe qui est une porte d'entrée et de sortie du monde spirituel occulte. Elles s'imprègnent de l'odeur du monde occulte et passent à l'action. La première est de venir emprunter la force et la vie de celui qui est son fieul occulte (la personne exploitée par l'occultiste) ; puis s'envole pour d'autres actions. Le mouvement inverse se fait presque de la même manière, à la seule différence qu'il vient déposer les souillures occulte dans le corps et la vie de son fieul. Ce sont ces fieul occultes qui portent toutes les dommages que peuvent subir ces occultistes dans le monde occulte.

Les projections astrales inconscientes

Ici, les sujets sont inconscients quand ils subissent les assauts de leurs faux parrains occultes. Chaque fois que la personne dort, son parrain occulte viens calper son portrait physique et le porte comme manteau dans ses activités occultes. Le fieul subit tous les coups de malédictions possibles que son parrain est sujet dans le monde occulte. Des personnes pareilles peuvent parfois se réveiller avec des maux de tête, des courbatures corporelles, des arthroses, le mal de nerf, les maux de dents…

Les enterrements virtuels

Les enterrements virtuels sont des procédés par lesquels les occultistes enterrent leurs victimes bien que celles-ci soient vivantes. C'est un mode d'envoûtement et de possession exercé sur une personne. Lorsqu'une personne est victime d'un enterrement virtuelle, elle passe des moments très sombres dans sa vie. Sa vie en tant que personne entreprenante est soldée par des échecs à tous les niveaux de ses trois dimensions.

Les morts vivants

Ce sont des personnes qui, spirituellement sont déjà mangées dans le monde occulte et attendent le jour du décès physique. Ce sont des personnes qui sont déjà fragilisées à cause la perte primaire de la vie. Une seule gifle par un inconnu peut causer le décès effectif. Un choc grave sur leur personnalité physique peut le faire également. En somme, le décès physique peut survenir à n'importe quel moment de leur vie terrestre si une délivrance sérieuse n'est pas entreprise.

Les mauvaises fondations

Les mauvaises fondations sont des péchés commis par les parents de suite de l'acquisition des objets de protections ou célébrités. Prenons par exemple le monsieur qui voulait à tout prix relancer ses affaires. Il a hérité d'une écorce de son grand père sans savoir comment la gérer. Au moment où il recevait cette écorce, il ne savait quand il devrait faire le sacrifice pour apaiser l'esprit qui conditionne la force de l'écorce.

Les consécrations

Les consécrations sont des dédicaces des membres de la famille à une divinité. Dans ces familles, les enfants peuvent prendre les diplômes durant les études, mais ils ne travaillent pas. Ils passeront leur vie sans travailler si une délivrance sérieuse n'est pas faite.

Printed by Books on Demand GmbH, Norderstedt / Germany